简明中国通史

主编
李学勤 郭志坤

张德文
陈雪良
——著

碰撞中的民族大融合

魏晋南北朝

天地出版社 | TIANDI PRESS

图书在版编目（CIP）数据

碰撞中的民族大融合：魏晋南北朝/张德文，陈雪良著．—成都：天地出版社，2024.1
（简明中国通史/李学勤，郭志坤主编）
ISBN 978-7-5455-7568-2

Ⅰ.①碰… Ⅱ.①张… ②陈… Ⅲ.①中国历史—魏晋南北朝时代—通俗读物 Ⅳ.①K235.09

中国国家版本馆CIP数据核字（2023）第019289号

PENGZHUANG ZHONG DE MINZU DA RONGHE: WEI JIN NAN-BEI CHAO

碰撞中的民族大融合：魏晋南北朝

出 品 人	陈小雨　杨　政
主　　编	李学勤　郭志坤
著　　者	张德文　陈雪良
监　　制	陈　德　朱锦川
总 策 划	郭志坤
特约策划	文柏讲堂　申元书院
责任编辑	郭　明　王　超
责任校对	马志侠
责任印制	王学锋

出版发行	天地出版社
	（成都市锦江区三色路238号　邮政编码：610023）
	（北京市方庄芳群园3区3号　邮政编码：100078）
网　　址	http://www.tiandiph.com
电子邮箱	tianditg@163.com
经　　销	新华文轩出版传媒股份有限公司

印　　刷	北京文昌阁彩色印刷有限责任公司
版　　次	2024年1月第1版
印　　次	2024年6月第2次印刷
开　　本	880mm×1230mm　1/32
印　　张	11
字　　数	228千字
定　　价	58.00元
书　　号	ISBN 978-7-5455-7568-2

版权所有◆违者必究

咨询电话：(028) 86361282（总编室）
购书热线：(010) 67693207（营销中心）

如有印装错误，请与本社联系调换

序 一

上海的郭志坤先生是我多年的老友。在十几年前世纪之交的时候，我同郭先生曾经有过一次非常愉快的合作，就是依照他的提议，共同编写了一本通俗讲述中国古代历史的图书，题为《中国古史寻证》，列入上海科技教育出版社《名家与名编——世纪初的对话》丛书出版。当时没有料到这本书印行后博得相当不错的反响，这使郭先生和我都觉得所做的一番努力是值得的。

以这件事为契机，郭志坤先生同我有多次机会谈起历史学的通俗化问题。我们都认为，有必要组织编写一套系统讲说中国历史，将学术界的丰硕成果推广给大众的图书。郭先生精心拟出规划，并很快约请到多位学养深厚的作者，形成老中青结合的团队，投入了撰写的工作，其成果便是现在这套《细讲中国历史丛书》。

《细讲中国历史丛书》从夏商周三代写起，一直到最末的王朝清朝为止，全套共十二册。这套丛书的编写，贯穿了两条原则：就书的阅读对象来说，是"面向大众"；就书的语言风格而言，是"通俗化"。我认为郭志坤先生的这两条原则提得好，也提得及时。

先说"面向大众"。我近些年在不同场合屡次说过,历史虽不能吃,也不能穿,似乎与国计民生渺不相关,实际却是社会大众的一种不可缺少的精神需求。我们每一个人,不管从事什么职业,具有何种身份,都会自然而然地对历史产生一定的兴趣,这或许可以说是人的天性使然吧。一个人活在世界上,不但要认识现在,也必须回顾过去,这就涉及了历史。我从哪里来,又往哪里去,是每个人都会意识到的问题,这也离不开历史。人们不能只想到自己,还要考虑到我们的国家和民族,这就更应该了解历史。社会大众需要历史,历史学者自当"面向大众"。

抗日战争时期,历史学前辈钱穆先生在西南联大讲授"中国通史"课程,所撰讲义(出版后书名《国史大纲》)一开头便标举:"当信任何一国之国民,尤其是自称知识在水平线以上之国民,对其本国已往历史,应该略有所知。否则最多只算一有知识的人,不能算一有知识的国民。"历史学者的工作,不应只限于自身观察历史、探索历史,更有责任把所认识、所了解的历史,原原本本地告诉社会大众,使大家对历史有应有的认识和必要的了解。

特别是在今天,当我们的国家、民族正在走向伟大复兴之际,尤其有必要推动历史学"面向大众"。中国有五千多年的文明历史,我们的先人创造了辉煌而且源远流长的文化,对人类的发展进步做出过丰富卓越的贡献。我们有义务把这样的史实告诉社会大众,增强大家建设祖国、走向世界的凝聚力和自信心,从而为今后人类的发展进步做出更多更新的贡献,这应当成为历史学者的襟怀和抱负。

再谈"通俗化"。"面向大众"与"通俗化"是结合在一起的,要想真正做到"面向大众",历史著作就必须在语言和结构上力求"通俗化"。

说起"通俗化",我联想到我国"二十四史"之首《史记》的作者司马迁。司马迁是学究天人的大学者,是"读万卷书,行万里路"的典范,然而他撰著历史,引经据典,还是在通俗上下了很大功夫。比如他论述唐虞以来古史,自然离不开《尚书》,他本人曾受学于《尚书》博士孔安国,亲得古文《尚书》之学的传授,然而他在引用《尚书》时,对于古奥费解的字词,都采用意义相同的字词来代替,这应该说是在"通俗化"方面的重要创意。另外,司马迁还尽力将史事的叙述情节化,使之活现于读者眼前,无愧于历史家的大手笔。这都是后人需要学习的。

必须说明,"通俗化"并不意味着降低历史学著作的学术水准。相反,编写"通俗化"的历史作品,实际上对作者提出了更高的要求,绝不是轻易就能够做到的。在这里,我还想附带说一句,即使是专供学术界专业阅读的论著,其实也应当(而且也能够)写得简明流畅一些。不少著名的前辈学者,例如胡适、郭沫若、冯友兰等先生,他们的著作不都是这样的吗?

《细讲中国历史丛书》是"面向大众"的,并且在"通俗化"方向上做了很大的努力。郭志坤先生还说过:"通俗,通俗,只有通然后才能俗。"这也很有道理。这十二册书是一个整体，作者们在上下五千年的一个"通"字上花费了不少精力，对于内容的构架和文字作风也下了一番苦功夫，相信这套书的读者都会体认到他们的用心。

李学勤

2014年8月17日

序 二

我和李学勤先生在讨论历史学的通俗普及问题的时候，很自然地回忆起吴晗先生。20世纪50年代末，吴晗以史学界权威和北京市副市长的身份，向学界提出："要求各方面的学者、专家也来写一点通俗文章、通俗读物，把知识普及给民众。"吴晗不仅撰文提倡，向史学界游说，还亲自主编影响很大的《中国历史小丛书》。这段回忆让我们萌发了组织编纂《细讲中国历史丛书》的打算。

当我向李先生提交了编纂方案后，他认为，编纂这样一套书对以史鉴今、以史资政、以史励人是极有意义的事，很值得做。随后，我们又把多年酝酿的编纂构想做了大致的概括：突破以"阶级斗争为纲"和"残酷战争"描写的局限，注重阶层、民族以及国家之间的友好交融和交流的记述；突破"唯帝王将相"和"否帝王将相"两个极端的局限，注重客观反映领袖人物的历史作用以及"厚生""民本"思想的弘扬；突破长期分裂历史的局限，注重阐述统一始终是主流，分裂无论有多严重，最终都会重新走向统一；突破中原文化中心论的局限，注重全面介绍中华文化形成的多元性和影响力；突破历朝官方（修史）

文献的局限，注重正、野史兼用，神话传说等口述历史与文物文献并行；突破单一文字表述的局限，注重图文并茂，以考古文物图表为相关历史表述提供佐证。

《细讲中国历史丛书》的编纂重在创新、面向大众和通俗化。李先生认为这一美好的愿望和构想要付诸实施并非容易的事。他特别强调要组织专业队伍来撰写，并提出"让历史走向民众是史家们义不容辞的责任"。令我欣喜的是，精心撰写这套书的作者团队本身就是教师。他们中有的是学殖精深、卓有建树的史学名家，有的是以"滔滔以言"享誉学界的优秀教育工作者，其中多为年轻的历史学博士。由这样一个团队来担当编写中国历史读物的重任，当得起，也信得过。

我们把编纂的原则性方案统一后，在同作者商议时产生了某些疑虑：一是认为这类图书没有多大的市场；二是认为通俗作品是小儿科，进不了学术专著之殿堂。经过一番调查分析后，我们取得了共识，一致认为：昨天的历史是创造明天的向导，读者从中可以汲取最好的营养，好的历史通俗读物是很有市场的，因为青年读者中普遍存在历史饥饿感。本套丛书的作者深感，编写中国历史通俗读物，历史工作者最有得天独厚的条件和义不容辞的责任。旅外学者得悉我们在编纂这套丛书，认为这是很有价值的，也很及时。美国纽约州立大学历史学博士张德文参加撰写并专门来信期待我们早日推出这套丛书。她在信中说："在知识大众化、数字化的年代，历史学者不应游离在这个历史进程之外。个人电脑以及智能手机的普及，大大促进了人们对微知识的渴求。在此背景下，历史学者的通俗表述为微知识的传播提供了必要的积淀和范本。"行文虽然不长，但一语中的，说清了普及历史知识的重要性。复旦大学历史地理研究中心邹逸麟教授、华东师范大学历史系王家范教授等读了丛书的文稿后还专门撰文评说，认为这既是一套通俗的、面向大众的历史读物，又是一套严谨而富于科学精神的史著，对于广大读者学习和发扬中华民族的爱国传统、学习和发扬中华民族的奋斗精神，推动中华民族复兴的中国梦早日实现很有作用。

这一切，让我们得到莫大的鼓舞。作者在通俗方面做了极大的努力，他们中的不少人在写作中进行了刻苦的再学习。从史实的查证到篇章的构架，再到文字的通俗化以及图片的遴选，都花费了他们大量的时间和心血。丛书采用章节结构的叙史形式，目的在于令读者通过目录就能够对书中的大概内容一目了然。中国历史悠久，史料浩如烟海，读史者历来有"一部二十四史，不知从何读起"之叹，讲史时以"时间为纲"，即可以从纷繁中理出头绪来，再辅之以"专题为目"，这样在史料取舍上就更加突出主题。本丛书注重以故事取胜，以真实的历史故事吸引人，感动人，启迪人。图文并茂也是本丛书通俗化的一途。中国历来重视"右文左图"，以文注图，以图佐文。

通俗而雅，也是这套丛书的一大特色。雅者，正也。通俗不是低俗，亦不是庸俗，它是在科学和学术的基础上展开的。把应该让读者知道的历史现象和历史观念用最浅显明白的方式告诉读者，这就是我们所需要并强调的通俗。本套丛书的学者们在撰写时一是力求语言上的通俗，二是着力于情节中的通俗，继承和发展了太史公马迁那种"以训诂代经文"的传统，把佶屈聱牙的古文经典用活了。所以说，深入浅出的通俗化工作更是一种学术活动。

为了增加生动性、可读性，作者尽量对某些有意义的人和事加以细讲，如对某些重要的出土文物予以介绍评说，对悬而未解的疑问加以释惑，对后人误传误解的问题予以纠正，对某些典故加以分析，对某些神话传说进行诠释。在图表上尽量做到随文提供佐证。在每册图书之后增加附录，旨在增强学术性和通俗性：附录大事记，旨在让读者对本段时期重大历史事件有个大致了解；附录帝王世系表，意在让读者对本朝创业、守业和虚位之君的传承有所知晓。另外，所列主要参考书目，目的在于为读者提供进一步学习本段历史的相关资料索引。

意愿和努力是如此，最终的结果如何，诚望读者鉴定。

郭志坤
2014年8月19日

目 录

导 言 / 001

第一章　三国鼎立局面的形成

东汉末年的群雄割据　/ 009

曹操的异军突起和官渡之战　/ 013

刘备"三顾茅庐" / 020

孙氏初据江东　/ 025

赤壁之战　/ 030

第二章　曹操经营北方

"奉天子以令不臣" / 037

求贤"三令" / 041

开荒屯田 / 045

九品中正制 / 048

第三章　诸葛亮治蜀

刘备入蜀 / 055

刘备东征的失败 / 058

七擒七纵孟获 / 063

六出祁山 / 066

诸葛一生唯谨慎 / 070

第四章　孙权经营东吴

灵活的外交方略 / 077

开发江南经济 / 081

对岭南的开拓 / 088

驶向宝岛台湾的万人船队 / 093

第五章　西晋的短暂统一

司马氏代魏为晋 / 099

西晋建国初的繁荣 / 104

"上品无寒门，下品无势族" / 111

贾后干政和八王之乱 / 116

流民南下的狂潮 / 123

第六章　偏安东南的东晋王朝

司马睿南下建东晋政权 / 129

"王与马，共天下" / 133

东晋的北伐 / 139

淝水之战 / 143

东晋的衰亡 / 148

第七章　十六国时代的纷争与融合

西、北边陲少数民族的内迁 / 155

"十六国"的建立 / 158

动乱中的民族融合 / 164

北魏统一中国北方 / 173

第八章　南朝的更迭

南北朝时期的开始 / 179

宋、齐两朝的更迭 / 182

梁武帝及"侯景之乱" / 188

南朝时期皇权的加强 / 196

南朝经济开始赶上北方 / 201

第九章　北方王朝的更替及统一大势

北魏的百年兴衰 / 211

魏孝文帝的改革 / 216

由强而弱的东魏、北齐 / 223

转弱为强的西魏、北周 / 230

统一大势：杨坚建隋代周 / 235

第十章　道教的形成与改革

道教的形成及广泛流传 / 241

寇谦之、陆修静对道教的改革 / 245

第十一章　佛教传入与佛教中国化

佛教传入及传布 / 253

译经与佛教中国化 / 256

佛教石窟寺院兴盛 / 261

第十二章　文学艺术的兴盛

　　文学创作的兴盛　/ 271

　　乐舞纷呈　/ 276

　　高峰突起的书法　/ 281

　　举世瞩目的绘画　/ 285

第十三章　经学史学的成果丰硕

　　经学研究的继续　/ 293

　　正史修撰的丰硕　/ 296

第十四章　科学技术的显著发展

　　数学的领先地位　/ 303

　　农业技术的革新　/ 304

　　地理学以及其他科技发展　/ 308

结束语　/ 311

主要参考书目　/ 313

附录一：魏晋南北朝大事记　/ 315

附录二：魏晋南北朝帝王世系表　/ 322

重版后记　/ 333

导　言

　　这是一个充斥着征战、血泪的时代。它包含着这样一些时间段：从220年曹操之子曹丕代汉称帝，到280年晋武帝灭东吴，那是中国历史上"三国鼎立"时期，为时六十年。继起的西晋王朝只存在了短短的半个世纪，除了建国初的十来年比较平稳，其他时间都处于动荡之中。316年西晋灭亡后，晋室南渡，建立起了东晋王朝，而在北方由匈奴、鲜卑、羯、氐、羌等少数民族建立了多个政权，史称"十六国时代"。420年东晋灭亡后，中国又进入了长达一百六十九年的南北朝时期。三国、两晋、南北朝这个时间段总共达三百六十九年，如果以中国传统的三十年为一代计，那就是有十几代人在战乱和社会的极度动荡中度过。从社会政治视角看，这是中国历史上朝代更迭非常频繁的历史时期，在不到四个世纪的历史进程中，中华大地上出现了三十多个王朝政权，一部"二十四史"，竟有十一史是记载这段历史的。

　　长期以来，"有人把魏晋南北朝时期看作是中国历史上的黑暗时代，认为它一团漆黑，社会经济停滞不前"（王仲荦语）。曹操在《蒿里行》中描述的"白骨露于野，千里无鸡鸣。生民百遗一，念之断人肠"的悲惨景象，在世人的眼前挥之不去。

是这样吗？不完全是。

美国历史学家费正清曾指出，魏晋南北朝"这360余年通常被视作反朝代循环而动的一段历史时期，因为这是一个由治（统一）到乱，又从乱到治的一个过程"。[①]事实正是这样的，没有这360余年的准备和历练，怎么可能有隋、唐两代的大统一、大盛世呢？对历史学家来说，不看到这段历史时期里民众所付出的巨大代价，不去充分地同情民众的苦难，那当然是不对的；同时，如果止于关注历史的负面现象，而不去开掘这种历史性的巨大付出后将会获取的更为巨大的历史性回馈，那是一种更大的偏见。

在中国历史发展过程中，统一始终是主流。人们从长期的天下大乱、大分中获取的经验和教训，并不一定比太平盛世时获取的少。当年刘备在困顿之中，"三顾茅庐"，请出被称为"卧龙"的诸葛亮。诸葛亮为刘备的诚意所感动，决定出山，道出了一番被后人称为"隆中对"的治理天下的方略来，这是我们民族的文化财富。他一面认为"三国鼎立，乃必然之势"，一面又追寻最后的"一统天下"大业。史称，"魏得天时，吴得地利，蜀得人和"，在国与国之间的竞争中，各地的经济、军事、文化都得到了长足的发展，实际上在为新的统一创造着诸多方面的条件。三国时如此，后来的东晋和南北朝时期也如此。

魏晋南北朝时期是中国多民族的国家进一步巩固和发展的时

[①] ［美］费正清著，张沛译：《中国：传统与变迁》，世界知识出版社2002年版，第97页。

期。诸葛亮"七擒七纵"孟获的故事在中国是家喻户晓的,说的是南中(今四川南部和云贵大部)地区的首领孟获率十万兵力与蜀汉政权相抗衡的故事。诸葛亮用实力和智谋一次又一次将其俘获,却一次又一次放其归山。诸葛亮的部属大惑不解,埋怨道:"孟获乃南蛮渠魁,今幸被擒,南方便定,丞相何故放之?"诸葛亮回答说:"吾擒此人,如囊中取物耳!直须降伏其心,自然平矣。"通过七次擒获,又七次放归,终于使孟获心服,最后自愿拜伏在地,说出了一句掏心话:"丞相天威,南人不复反矣!"这是战乱中民族和解的典型事例。

应该说,魏晋南北朝时期民族融合的程度和范围是空前的。南匈奴、羯、氐、羌、鲜卑等部族相当程度地融进了中华民族的大家庭之中,部分地实现了"汉化",成了汉民族的一部分。另外,东北的夫余、沃沮、勿吉、室韦、库莫奚、契丹各族,西北的高昌、焉耆、龟兹、于阗、疏勒这样一些城邦,西北的吐谷浑、附国、女国、邓至、宕昌、党项各部落,西南的东爨、西爨各部落,都开始逐步融入中华民族的大家庭之中。

具有重大意义的是这一时期江南经济的大发展。江南开发之功,当首推东吴的孙氏政权。东吴二十余万大军的屯田,推动了江南农业的发展。孙权还派甲士万人赴台,实现了大陆与台湾在经济、军事、文化上的直接交往。自西晋灭亡到隋灭陈,在这二百七十多年间,中原人士大量南下,与江南人民一起把江南建设成富庶之地,经济重心开始南移,南贫北富的格局逐渐改变。

魏晋南北朝时期最时髦的一句话就是"时势造英雄"。此时期一面是乱世，一面又是锤炼和造就英雄的大时代。在此前，称那些豪杰之士，或为"英士"，或为"雄者"，"英"和"雄"是分开叫的，到三国两晋南北朝时期，"英雄"之称广泛流行于世。曹操当着刘备的面"论英雄"的那段话声震千古："今天下英雄，唯使君与操耳，本初（袁绍）之徒，不足数也。"（《三国志·蜀书·先主传》）这段史实，后来被小说家演绎成脍炙人口的著名历史掌故"煮酒论英雄"而传世，并为世世代代的民众津津乐道。魏晋时的大才子刘劭作《人物志》，其中的《英雄》篇说："聪明秀出谓之英，胆力过人谓之雄，""英以其聪谋始，以其明见机，待雄之胆行之。雄以其力服众，以其勇排难，待英之智成之。""英可以为相，雄可以为将，若一人之身，兼有英雄，则能长世"。如此高论，可谓民族精神宝库中的珍品，也是当时英雄荟萃的写照。

说魏晋南北朝时期英雄辈出，一点也不为过。有以"鞠躬尽瘁，死而后已"而为世人敬仰的诸葛亮，有求贤若渴、三顾茅庐的刘备，有风流倜傥、神武雄才的周瑜，有文武全才、多谋善断的曹操，有南征北战、屡建奇功的司马懿，有以区区数万之兵在淝水之战中击溃敌军百万之众、杀得敌军"草木皆兵""风声鹤唳"的谢玄。此外，还有玄学大师何晏和王弼，正始年间的名士阮籍和嵇康，创作《抱朴子》并为中国道教奠定理论基础的葛洪，使佛教在中原流行开来的道安和尚，中土僧侣西行取经的第一人法显和尚，提出"神灭论"的范缜，在文学史上具有崇高地位的"建安七子",传世的文学批评专著《文心雕龙》作者刘勰,还有为历代书家所宗尚的、被称为书圣的王羲之。还有撰写《九章算术注》的大数学家刘徽,精确地算出圆周率小数点后七位数的世界第一人祖冲之。另外,还有撰《禹贡地域图》的裴秀,撰《齐民要术》的贾思勰,撰《伤寒论》的张仲景,创"麻沸散""五禽戏"的华佗,钻研"炼丹术"的葛洪,等等。

真是时势造英雄啊!

"中华民族是屡经大难而不断兴盛的民族。"从历史的长河看,魏晋南北朝时期可算是"屡经大难"中的一个时期吧!读一读这段历史,可以读懂什么叫民族的苦难、民族的奋斗、民族的坚毅,从而更加坚定我们前进的步伐。

第一章 三国鼎立局面的形成

东汉末年的群雄割据

东汉延康元年（220），曹操病死后，其子曹丕在洛阳代汉称帝，改元黄初，国号魏。第二年，刘备在成都称帝，国号汉，史称蜀汉。魏明帝太和三年（229），孙权在武昌（今湖北鄂州）称帝，国号吴，同年九月，迁都建业（今江苏南京）。这样，三国鼎立的局面形成了。在之后的半个世纪里，三国间的征战不断，而后是魏灭蜀汉，魏国大将司马炎又夺魏建晋，到西晋太康元年（280）西晋灭吴，天下归于统一。后世一般将220年到280年这段历史称为三国时期。但史家一般又将董卓挟汉献帝离开洛阳的初平元年（190）定为三国时期的上限，尤其是三国奠基的重要历史人物曹操、刘备、孙氏父子及其文臣武将，大多活跃于东汉献帝时期，所以本书亦以初平元年为三国上限。

东汉王朝的后期，宦官外戚专政，政治腐败到了无以复加的地步。灵帝时，皇帝公开出面卖官，二千石官二千万，四百石官四百万。那些人用钱买来官后，再穷凶极恶地搜刮民脂民膏。老百姓实在活不下去了，只得起而造反。从安帝到灵帝的八十多年中，有史书记载的农民暴动就有八十多次，人数从数百人发展到了数万人。当时流传着这样一首民谣:"发如韭,剪复生。头如鸡,割复鸣。吏不必可畏,从来(严可均曰:'疑当作民不')必可轻!"可见,百姓已经达到了怒不可遏的地步。

中平元年(184,甲子年)终于爆发了有几十万人参加的黄巾起义。他们以道教的一支——太平道为组织纽带,把道徒分为三十六方,大方万余人,小方六七千人,各立首领,以"黄天泰平"为口号,公然要推翻"苍天"东汉王朝。

东汉王朝的统治者预感到灭顶之灾的到来,匆忙集结力量来对付黄巾军。东汉外戚何进受命为大将军,将兵屯驻在首都洛阳都亭,部署守备;并在洛阳四周设立八个关戍,派兵防守,确保洛阳安全。为了挽救危局,东汉王朝宣布赦免党人,解除党锢,还要求各地的豪族武装起来,与官兵合力阻截农民军。同时,调发天下精兵围剿黄巾军,派出卢植、皇甫嵩、朱儁这样一些强将实施镇压。因为卢植战绩不大,后来又改派董卓出战。这些镇压黄巾起义的将领和地方武装,为了共同利益,可以对黄巾军拼死一战,而一旦起义军被镇压下去,这些人往往

绿釉陶楼(东汉,河南三门峡市陕州区出土)。此陶楼上有家兵持弩守卫,水塘边有骑士巡逻,正是当时豪强武装的反映。

又成为割据一方的枭雄。

很快，黄巾起义被镇压下去了，东汉王朝也受到沉重打击，从此一蹶不振。

黄巾大起义以后，东汉政府想组织一支新军，来加强保卫首都的力量。这本身涉及了权力分配问题。中平五年（188），在西园成立了统帅部，即所谓的"西园八校尉"。被灵帝倚重的宦官蹇硕为上军校尉，也就是全国的最高统帅，连大将军何进也成了他的部属，要受他指挥。"四世三公"出身的袁绍为中军校尉，也就是蹇硕的助手、副统帅。这样的安排，本身就隐藏着政治上的危机。

想不到组建"西园八校尉"的第二年，灵帝病死了，各种势力之间的暗斗一下子变成了明争。何进是何太后的兄长，新立的少帝的舅父，这样何进就堂而皇之地实现了秉政。袁绍对何进说，你要当政，就应该杀死宦官蹇硕。何进觉得此言甚是，就与袁绍联手把蹇硕一家大小都杀了，袁绍也顺势取得了"西园八校尉"的指挥权。后来，何进和袁绍又商议想杀尽宦官，可这得不到何太后的支持，因为她本身就是靠宦官支持起家的，所以她不愿那样做。何进就想以中央名义调西北军董卓入京，借他的手杀灭宦官。不

陶部曲俑（四川崖墓出土）。部曲是汉魏晋南北朝时期豪强和将领的私家武装。

汉献帝禅陵

料走漏了风声，宦官的一位首领先下手为强，杀死了何进，并劫持少帝出走。袁绍在这种形势下大开杀戒，一下杀了两千多个宦官，差不多将宦官斩尽杀绝了。就在这时，董卓也率西北军赶到了洛阳城。

邀董卓入京不能不说是一个极大的失策。过去一些史家常把董卓入京后的杀戮归咎于他所带领的这支队伍中的胡族和羌族雇佣兵。这样说是不公允的，也是不完全符合事实的。其实，董卓本人是一个十分残忍的军事首领。他领兵进入洛阳后，逼迫何太后废黜少帝，立陈留王刘协为帝（汉献帝），之后又毒杀了何太后与少帝。董卓还多次纵容士兵"淫略妇女，剽虏资物，谓之'搜牢'"（《后汉书·董卓列传》），这些都是由董卓的残忍本性决定的，可以说与少数民族的雇佣军没有多大关系。

董卓杀何太后和少帝之后，直接将矛头指向袁绍等反对派。袁绍觉得一时斗不过他，又怕为董卓所害，就逃离了洛阳，奔走河北，组建关东联军（潼关以东诸州的联军），声讨董卓。董卓见袁绍与他作对，便杀尽袁氏在京师的亲属。董卓的倒行逆施，引发了众怒，不少地方兴兵讨伐董卓。

董卓在洛阳站不住脚，就挟持汉献帝退到长安。到了长安以后，董卓又大开杀戒，弄得人人自危。经何进、袁绍、董卓这样几度折腾，到汉献帝建安元年（196），全国已经形成了群雄割据的局面：袁绍占据冀、青、并三州；曹操占据兖、豫两州；韩遂、马腾占据凉州；公孙瓒占据幽州；公孙度占据辽东；陶谦、刘备、吕布先后占据徐州；袁术占据扬州的淮南部分；刘表占据荆州；刘璋占据益州；孙策（孙权之兄）占据扬州的江东部分；张鲁占据汉中。在这些割据势力中，最有影响力的要数袁绍和曹操了。

曹操的异军突起和官渡之战

曹操是我国历史上著名的政治家、军事家、思想家，他是三国中最强大的魏国的奠基者，也为日后西晋统一中国打下了坚实的基础。对曹操，我们得多花点笔墨。

曹操是沛国谯（今安徽亳州）人，出生于一个显赫的官宦家庭。他的祖父曹腾，是东汉末年宦官集团中的一员，父亲曹嵩是曹腾的

曹操像

养子，曹操是曹嵩的长子。

曹操在青少年时代就显示了非凡的才华。"少机警，有权数"（《三国志·魏书·武帝纪》）。他博览群书，过目不忘，尤其喜欢抄集诸家的兵法，还自注《孙子兵法》呢！他虽然人生得矮小，可是浑身上下透出一股英气，又练得一身好武艺，让人不敢小视。据《世说新语》记载，曹操拜访当时的名士许劭（字子将），请求他评点自己："许先生，你认为我将来会是一个怎样的人呢？"对方注视着他，不肯马上作答。曹操一再追问，对方才说："治世之能臣，乱世之奸雄！"听了这话，曹操并不生气，反而仰天大笑。许子将这话传开去，曹操也就小有名气了。

灵帝熹平三年（174），二十岁的曹操被举为孝廉。从汉朝开始，就实施所谓的"以孝治天下"，中央命地方推举既孝顺又廉洁的人作为"孝廉"，供选用。曹操被选为孝廉以后，就进入了洛阳的卫兵部队，不久就升任洛阳城北区的治安长官。洛阳是东汉的都城，是皇亲国戚聚居的地方，最难治理。曹操一到任，就

曹操书法"衮雪"拓片。传汉建安二十四年（219），曹操驻兵汉中褒谷口运筹国事，见褒河流水汹涌而下，撞石飞花，有感而发，便挥笔题写"衮雪"两字。末尾"魏王"二字，据学者考证是清代嘉庆至同治间好事者刻之。

申明禁令，严肃法纪。造五色大棒十余根，悬于衙门左右，"有犯禁者，皆棒杀之"。当时皇帝的宠臣、大宦官蹇硕的叔父违禁夜行，曹操一点也不留情面，予以处死。这样一来，京城的社会秩序好了许多，曹操的名声也更大了。

中平六年（189），董卓入京，专擅朝政，曹操不愿与他合作，逃出京师。曹操"至陈留，散家财，合义兵，将以诛卓"（《三国志·魏书·武帝纪》）。这就是所谓的"陈留起兵"。后又"设奇伏"收编了三十余万黄巾军，选其精锐，组成一支以"青州兵"命名的部队。

董卓被诛灭后，汉献帝回到了洛阳。这时的洛阳城已是一片废墟。百官随献帝回京，可是连居住的地方也没有了，只能委身于草丛和断垣残壁间了。粮食也成了问题，"群僚饥乏，尚书郎以下自出采稆，或饥死墙壁间"。（《后汉书·献帝纪》）曹操得到这些消息后，想起了谋士毛玠说过的一段话："奉天子以令不臣，修耕植，畜军资"（《三国志·魏书·毛玠传》）。曹操想，现在正是"奉天子"的最佳时机啊！于是，建安元年（196）八月，曹操亲至洛阳面见献帝，并马上把献帝请到自己的辖地许县（今河南许昌东），取得了"奉天子以令不臣"的绝对政治优势。

曹操把献帝放在自己身边后，就让献帝任命他为大将军，后来由于袁绍的反对，又把大将军的名号给了袁绍，自己当司空。袁绍根本看不起曹操，这样，曹操与袁绍这对昔日的反董盟友，成了反目相向的对手，后来引发了建安五年（200）曹与袁之间的一场大决战——官渡之战。

这是中国历史上一场以弱胜强的典型战例。

袁绍是当时中国北方最强大的一股势力，此时已据有富饶的冀、并、幽、青四州，军队在数十万人以上。袁绍的长子袁谭、次子袁熙、外甥高干分守青、幽、并三州，后方稳固，兵精粮

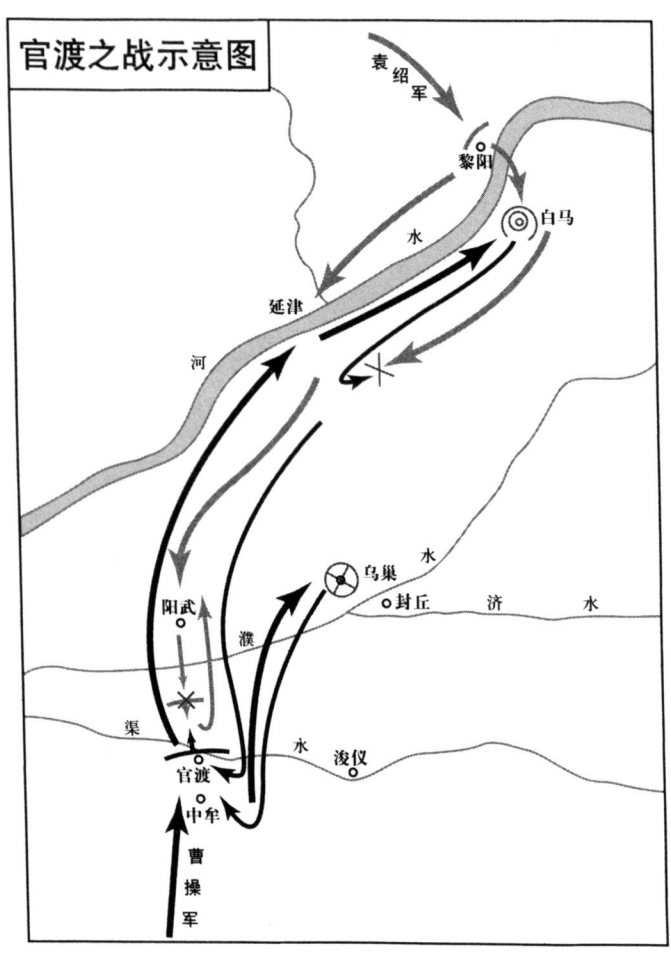

官渡之战示意图

足。他挑选十万精兵、万匹战马，准备一举消灭曹操。反观曹操，只据有大河以南的一些区域，他的总兵力不过数万，能用于这次决战的"兵不满万"，有的论者认为不止这个数，但是兵力上大大劣于袁绍那是肯定的。袁绍大军压境，许都为之震动。这时的曹操却镇定自若，他安慰部属说："吾知绍之为人，志大而智小，色厉而胆薄，忌克而少威，兵多而分画不明，将骄而政令不一，土地虽广，粮食虽丰，适足以为吾奉也。"(《三国志·魏书·武帝纪》)曹操的这段话很重要，说明决定战争胜败的不只是"土地广、粮食丰"这样一些物质因素，更为重要的是智慧、胆识、威势、谋略这样一些精神因素。曹操的这番话为众将士壮了胆、定了神，为官渡之战的胜利创造了条件。但也毋庸讳言，这时曹营中还有相当一部分人是将信将疑的，不少人没有必胜的信心，还有部分人是脚踏两条船，准备一旦战事失利就反水，这已被事后的史实证明了。

官渡大战的前哨战是白马（今河南滑县东）之战。这是一块关系到许都安危的兵家必争之地。袁绍派出他最得力的大将颜良围攻白马城，而曹操一定要设法解白马之围。当然，如果强攻，曹操必败无疑。曹操采取了智取的方法。曹操以五千之众，自官渡北上，故意进军延津（今河南延津北），装作将要袭击袁绍后方的样子。袁绍这下慌了手脚，马上调重兵南堵，防止曹军北上。这时，曹军派一支精锐的轻骑部队乘袁军不备去解白马之围。围攻白马的颜良根本没有做好应战的准备，在惊慌间为曹军所杀。袁绍知中计，又派名将文丑来战，结果也为曹军所杀。在白马之战中，袁绍连失颜良、文丑两员顶级大将，这对他来说是一个重大的损失。

此前刘备的助手关羽被曹操活捉，曹操对他是不错的。关羽也知恩图报，在"斩颜良，诛文丑"的战斗中，关羽是出了大力的。至于说颜良、文丑两员袁绍手下的名将都是被关羽亲手斩杀的，那是小说《三国演义》的添笔和附会，是没有多少依据的。作为"偏将军"的关羽同张辽一起杀了颜良可能实有其事，但所谓的"诛文丑"那是连影儿都没有的事。

曹操初战得胜后，主动撤军以扼守官渡。袁绍则连营数十里而进，大军进逼官渡。一场大战已经不可避免。

敌强我弱，曹操深沟高垒，坚守官渡阵地，尽量不与袁军正面交战。而袁绍力求速战，先是在官渡的曹军阵地外建起土山，再从土山上向曹军阵地喊话、射箭，想引曹军出战，可是曹军就是坚守不出。后来袁军挖地道想打破曹军的防线，又被曹军识破，一条条地道都被曹军堵死。两军一攻一守，相持了两个月。

其实，袁军也有它的不足之处。十多万大军在旷野中，一旦粮草补给出了问题，全军马上就会失去战斗力。于是，袁绍从河北运来粮草万余车，屯于大营四十里外的乌巢，派大将淳于琼带领一万兵丁在那里看守。正在这节骨眼儿上，袁绍与他的谋士许攸的矛盾公开化了。许攸一怒之下，夜投曹营。曹操是个礼贤下士的人，热情地接待了这位不速之客。许攸以曹操为明主，把乌巢的粮草状况、驻军方位、地形地貌悉数告诉了曹操，而且建议曹操连夜偷袭。

曹操喜出望外，连夜亲自率精锐步骑五千人，从一条常人不走的小路抄到乌巢那里偷袭。乌巢的守军没有做好战斗准备，阵脚大乱。曹操命兵士四面放火，结果是"尽燔其粮谷宝货"（《三国志·魏书·武帝纪》裴松之注引《曹瞒传》）。而守护乌巢的袁军也大部被消灭。

袁绍听到曹操亲率大军攻乌巢，以为曹军已倾巢而出，马上派兵攻打曹军大营，结果受到曹营留守部队的强烈回击。正在战斗中，乌巢粮仓全被曹军烧毁、乌巢守军被全歼的消息传到了袁绍那里，袁军闻讯大乱，一路溃散。袁绍平时对将士苛刻，到关键时刻谁肯死命力战？大将张郃顺势投降了曹操。袁绍弃军逃回黄河以北，近十万袁军被杀，袁绍本人不久在悲愤中病死了。

这里有一个有趣的掌故：官渡之战曹操大获全胜，所获甚多，其中就有袁绍一方留存的档案资料。在相关档案资料中，发现了不少"许下及军中人书"，就是许都官僚和曹军将官写给袁绍的信件。这些人为何要在这个节骨眼儿上写信？道理不言自明，就是在曹操可能战败时给自己留一条后路。这些信件被曹操缴获，对那些写信的人来说是致命的，如果曹操追究起来，这些人还不是死路一条？可是，曹操的作为出人意料，他看都不去看这些书信，下的命令只有三个字："皆焚之"（《三国志·魏书·武帝纪》）。事后他在谈及这些书信时说："当绍之强，孤犹不能自保，而况众人乎！"（《三国志·魏书·武帝纪》裴松之注引《魏氏春秋》）

刘备"三顾茅庐"

刘备,字玄德,涿郡涿县(今河北涿州)人。《三国志·蜀书·先主传》上说,"汉景帝子中山靖王胜之后也",但没有多少切实的依据,只能说是"相传"。这一相传之说对刘备来说太重要了。因为他姓刘,又据说是汉王朝皇族之后,因此被一些人视为正统。

刘备早年丧父,家境十分贫寒,与母亲一起贩鞋织席为生。刘备"不甚乐读书,喜狗马、音乐、美衣服",是个贪玩而不怎么喜好读书的孩子。同时,他有一个与众不同的特点,"好交结豪侠,年少争附之"。(《三国志·蜀书·先主传》)后来成为他生死之交的关羽、张飞就是他早年最要好的朋友。史书上说,"先主于乡里合徒众,而羽与张飞为之御侮。"又"羽年长数岁,飞兄事之。"(《三国志·蜀书·关张马黄赵传》)这十分简单的一点史料,后来小说家把它演绎成了《三国演义》第一回所谓的"桃园三结义"。

刘备有着自己的憧憬,很想干一番大事业。三十

刘备像

岁的时候，听说少年时一同拜在儒学大师卢植门下的同乡公孙瓒已经当上了中郎将——中郎将原是朝廷的高级侍卫官，东汉末成为介于将军与校尉之间的一种武官名号——刘备决心去投奔他。公孙瓒果然不忘旧情，让刘备出任平原县（今山东平原南）县令和平原国相，帮他一起抵抗袁绍。公孙瓒被袁绍打败后，刘备又依附了陶谦，陶谦死后，刘备当上了徐州牧。徐州是个兵家必争之地，而且"徐州殷富，户口百万"，袁术、吕布都想要，刘备站不住脚，建安三年（198）只身投奔了实力雄厚的曹操。

卢植像

　　两位战乱时代的大英雄，难得相处在一起了，从而演绎出了许多既惺惺相惜，又明争暗斗的历史故事来。

　　刘备到了许昌后，曹操对他非常器重，生活上也十分关照。曹操的谋臣程昱说："刘备是个特别出色的人才，而且很得人心，终究不会久居人下，还是趁早除了他吧！"曹操沉思良久，然后作答："现在正是收揽英雄的时候，杀一人而失掉天下士人的心，那样的蠢事我是不会干的。"曹操一如既往地善待刘备，还与刘备一起攻打吕布，将吕布活捉并处死了。刘备攻灭吕布有功，曹操上表献帝提升他为左将军。

《华阳国志》书影　　　　　　　　　古隆中

　　从此，曹操对刘备更客气。据说是常常出则同车、坐则同席。一次，曹操宴请刘备，"是时，曹公从容谓先主曰：'今天下英雄，唯使君与操耳。本初（袁绍）之徒，不足数也！'先主方食，失匕箸"（《三国志·蜀书·先主传》）。就是说，当听到曹操说天下英雄只有我曹操和你刘备两人时，刘备为之一惊，把正在夹菜的筷子都掉落在地上了。《华阳国志》加以发挥，说"于时正当雷震"，故有"失匕箸"之举。后来的《三国演义》添油加醋，演绎出了"煮酒论英雄"的精彩场景，流传到今天。

　　此时正是曹、袁交战的前夜。淮南的袁术自知势单力薄，想经徐州北上依附袁绍。曹操很清楚，"二袁"如联兵将很难对付，于是派刘备率军阻击。谋士程昱、郭嘉一起赶来告诫曹操："刘备放不得！"可是，为时已晚，刘备早已领兵离去了。

　　曹操在官渡之战前，首先东征身在徐州的刘备，刘备哪里是他的对手，只得投奔袁绍。曹操在官渡之战中彻底击垮了袁绍以后，刘备只得投奔荆州的刘表。刘表见刘备到来，待之以上宾之礼，交给他一支部队，让他屯驻新野。

这是刘备事业的转折点。

在新野，刘备反思了自己前半生的曲折经历，深深感到单有张飞、关羽这样的猛将还不行，还得有谋士。由此，他开始广交荆州英雄豪杰、贤能之士。有一次，刘备去拜访荆州名士司马德操，向他请教天下大事。司马德操对刘备说，自己只是一介俗士，不能认清天下大势。他向刘备推荐了两个人，一个是伏龙先生诸葛亮，另一个是凤雏先生庞统。后来，名士徐庶到新野见到了刘备，也向他推荐了诸葛亮。当时刘备很随意地说："君与俱来。"徐庶告诉他："此人可就见，不可屈致也，将军宜枉驾顾之。"（《三国志·蜀书·诸葛亮传》）这话是什么意思？即是说：像诸葛亮这样的奇才，你要用他，就得礼遇他。所谓"就见"，就是以礼求见。只能是你去求见他，不能随便地召他来见你。

于是，就有了"三顾茅庐"的历史典故。

诸葛亮，字孔明，琅邪阳都（今山东沂南）人。父亲诸葛珪做过太山郡丞。诸葛亮父母早亡，投靠了叔父豫章太守诸葛玄。后来叔父为了避乱，来到了荆州落户。叔父去世后，

诸葛亮像

《三顾茅庐图》（明代戴进绘）

诸葛亮隐居于襄阳西北二十里的隆中，一边读书，一边种地，过着十分清贫的生活。"亮躬耕陇亩，好为《梁父吟》。身长八尺，每自比管仲、乐毅，时人莫之许也。"（《三国志·蜀书·诸葛亮传》）可见他是个志趣极为高尚的人。他熟知天文地理，精通战术兵法，以天下为己任。这样的旷世奇才，刘备当然欲求一见。

要见这样的奇才，也不是件容易的事。就其过程，史书用了寥寥数笔："先主遂诣亮，凡三往，乃见。"（《三国志·蜀书·诸葛亮传》）刘备带着他的"结义"兄弟关羽和张飞，前往隆中拜访。第一次和第二次都吃了闭门羹，第三次才见着。后来《三国演义》大加演绎，成为中国历史上著名的故事之一。

这样，诸葛亮找到了足以寄托事业的明主，而刘备找到了"霸业可成"的军师，他由衷地说："孤之有孔明，犹鱼之有水也。"诸葛亮此时也将自己对时局的看法和盘托出，那就是名传千古的《隆中对》。在这篇名文中，"三分天下"的格局被描述得清清楚楚，天下一统的大趋势亦依稀可见。

孙氏初据江东

诸葛亮在《隆中对》中提出："孙权据有江东，已历三世，国险而民附，贤能为之用，此可以为援而不可图也。""可以为援而不可图"一语，定下了联吴抗曹的基调。到了曹操统一北方，刘备立足荆州之时，孙氏东吴成为"三国鼎立"中的一足，已成定势。

孙权，字仲谋，吴郡富春（今浙江杭州市富阳区）人。史书上说他父亲孙坚"盖孙武之后也"（《三国志·吴书·孙破虏讨逆传》），这是没有多少依据的。世人一旦发迹以后，总喜欢与前世的名人扯上关系，说孙坚是孙武的后代，大概也是这种性质。

孙权像

孙坚年轻时当过县吏，与曹操、刘备一样，在镇压黄巾起义军的过程中组建起了自己的武装。中平四年（187），东汉政府为了镇压南方的农民起义，任孙坚为长沙太守，长沙、零陵、桂阳三郡的农民军都被他镇压了，史称"越境寻讨，三郡肃然"。孙坚率领的这支部队的战斗力是很强的。

"灵帝崩，卓擅朝政，横恣京城。诸州郡并兴义兵，欲以讨卓。"（《三国志·吴书·孙破虏讨逆传》）各种地方势力打着"讨卓"的名义兴起，孙坚也不例外。孙坚的讨卓队伍在一二年间便发展到数万人，而且这是一支勇猛善战的队伍，时人称为"劲旅"。他进军中原，委身于袁术。他曾在阳人（今河南汝州西）大破董卓军，杀死其大将华雄。董卓十分害怕孙坚，就使出

"求和亲"的策略，孙坚回答得很干脆："卓逆天无道，荡覆王室，今不夷汝三族，县示四海，则吾死不瞑目，岂将与乃和亲邪？"(《三国志·吴书·孙破虏讨逆传》)孙坚拒绝了董卓的和亲诱惑，领军收复了东汉的都城洛阳。

初平三年（192），袁术派孙坚出征荆州，攻打刘表。刘表派了大将黄祖迎战，被孙坚击败。孙坚的部队势如破竹，渡过汉水，围攻襄阳城。孙坚是个勇将，他身先士卒，单马经过岘山时，不幸被黄祖的伏兵乱箭射杀。

孙坚一共有四个儿子，最有名望的是大儿孙策和二儿孙权。

孙坚亡故后，孙策收合了父亲的残部，继续在袁术帐下，并屡建奇功，但孙策不是袁术的心腹，不受重用。兴平二年（195），孙策做出了一个颇有远见卓识的决定：趁群雄正倾全力在中原混战之时，自己抽身事外，率兵进取江东，在那里开辟一片新天地。事实证明这一决策是完全正确的。当时看来，这还是支不起眼的队伍，"兵财千余，骑数十匹，宾客愿从者数百人。比至历阳（今安徽和县，在长江北岸），众五六千"。可是，这是支精干的队伍，非常有战斗力，"渡江转斗，所向皆破，莫敢当其锋，而军令整肃，百姓怀之"(《三国志·吴书·孙破虏讨逆传》)。

孙策在江东扫除了诸多地方割据势力，发展很快。孙策从严肃军纪做起，要求部属"鸡犬菜茹，一无所犯"，规定"乐从军者，一身行，复除门户；不乐者，勿强也"。（《三国志·吴书·孙破虏讨逆传》）这些都是深得民心的举措。紧接着经过几次战斗，首先夺取了扬州刺史刘繇的根据地曲阿（今江苏丹阳）。

不久，南下攻取会稽（今浙江绍兴）。建安四年（199），袁术死后，孙策又不失时机地攻占了庐江，收编了袁术余部三万多人。之后，花不大的兵力攻占了豫章（今江西南昌）、丹阳（今安徽宣城）、吴郡（今江苏苏州），大体上统一了江东。

当时的形势是，曹操、袁绍大战于中原，曹操野心虽大，但对远离中原的江东地区总还是鞭长莫及。"策并江东，曹公力未能逞，且欲抚之。"（《三国志·吴书·孙破虏讨逆传》）曹操顺水推舟，让汉献帝封孙策为讨逆将军，并"封为吴侯"。这样，孙策的征战就更加名正言顺了。这也是时势造英雄。

可惜，一代英雄孙策，竟死于一个刺客之手。

据说，孙策伤重将死之时，把吴侯的印绶交付给其弟孙权，执着他的手说："举江东之众，决机于两陈（阵）之间，与天下争衡，卿不如我；举贤任能，各尽其心，以保江东，我不如卿！"

青瓷仓院（三国·吴，湖北鄂州孙邻墓出土）

(《三国志·吴书·孙破虏讨逆传》)孙策说完这番话,当夜就死去了,当时只有二十六岁。

孙权曾随其兄长转战江东,立下了汗马功劳。孙策死后,孙权遵守兄长"举贤任能,各尽其心"的方略,重用张昭、周瑜等贤才,很快使江东的局面稳定了下来。

当时,年轻的孙权面临的形势是十分严峻的。北方的曹操消灭了袁绍以后,风头正劲,企图在统一北方的基础上快速统一全国。襄阳的刘表占据着包括湖南、湖北的荆州地区,"地方数千里,带甲十余万",成为仅次于曹操的第二大割据势力。但刘表无能,又后继无人,所以地位不稳,成了曹操、孙权、刘备角逐中吞食的首选对象。刘备根据诸葛亮制定的战略方案,准备"取而代之"。曹操在略平三郡乌桓以后,最大的欲求是吞并刘表的荆州。东吴的胃口不是很大,就是要将"南荆之地"纳入囊中。矛盾已是明摆着的了。

据史书记载,孙策死后,二弟孙权不断哭泣,日夜守在灵堂前。这时,长史张昭大声提醒道:"此宁哭时邪?……今奸宄竞逐,豺狼满道,乃欲哀亲戚、顾礼制,是犹开门而揖盗,未可以为仁也!"孙权听此一说,猛然醒悟,准备迎接更大的战斗和考验。(《三国志·吴书·吴主传》)

建安十三年(208),孙权一举消灭了刘表的江夏太守黄祖。正在此时,曹操大军以排山倒海之势袭击荆州,继位的刘琮不战而降,荆州大部为曹操所占。接着,曹操由江陵顺江而下,谋求吞并江东,刘备也紧急动员起来,以求在立稳脚跟的前提下扩大自己的势力范围。这样，历史上决定三国鼎立的赤壁之战必然地爆发了。

赤壁之战

建安十三年（208）刘表的死和曹操的南征，使寄居在荆州的刘备和刚在江东站稳脚跟的孙权都面临着极大的考验。刘备势单力薄，如果荆州全部为曹操所得，刘备将无立足之地，也会危及孙权。在追杀刘备的同时，曹操还对孙权发出了恐吓信："近者

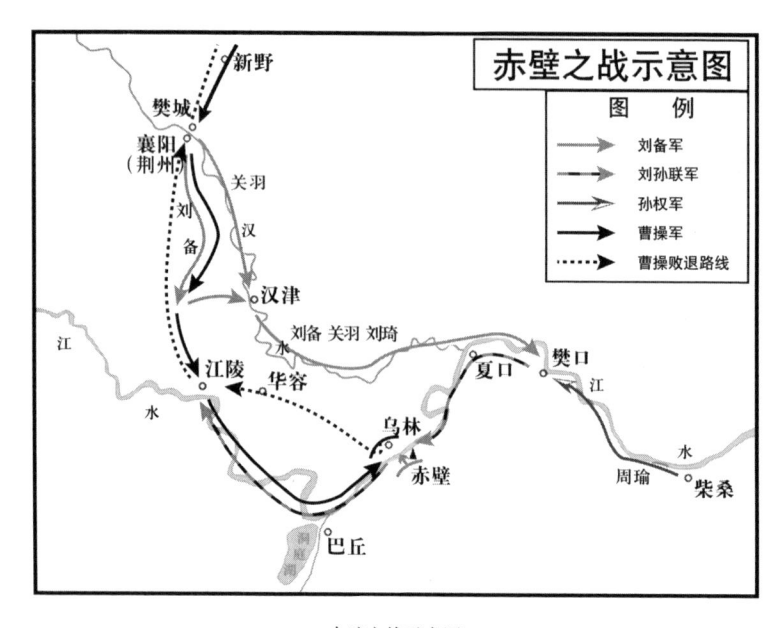

赤壁之战示意图

奉辞伐罪，旌麾南指，刘琮束手。今治水军八十万众，方与将军会猎于吴。"（《三国志·吴书·吴主传》裴松之注引《江表传》）接到这封信，孙权一时还真不知说什么好。

这时，东吴政权内部明显分裂成主和与主战两派。以长史张昭为代表的大多数人是主和派，实际上也就是投降派。张昭对孙权说："曹公豺虎也，然托名汉相，挟天子以征四方，动以朝廷为辞。今日拒之，事更不顺。且将军大势，可以拒操者，长江也。今操得荆州，奄有其地，刘表治水军，蒙冲斗舰，乃以千数，操悉浮以沿江，兼有步兵，水陆俱下，此为长江之险已与我共之矣。而势力众寡，又不可论。愚谓大计不如迎之。"（《三国志·吴书·周瑜传》）所谓"迎之"云云，就是举双手投降。

主战派的中坚是鲁肃。"肃独不言"，他没有在大庭广众之下说什么激昂慷慨的话，他为主战做了这样三件实事：

一是稳住孙权。他单独与孙权交换意见，分析局势，如果真的像一些大臣说的那样对曹操"迎之"，那么，不仅吴中江山尽失，孙氏社稷也不保，百姓也不会有好日子过。孙权听了

赤壁之战遗址

这一番话十分感动,说:"此诸人持议,甚失孤望。今卿廓开大计,正与孤同,此天以卿赐孤也"(《三国志·吴书·鲁肃传》)。这是孙权的真心话。

二是定下联刘之策。鲁肃以吊丧之名亲自去了一次荆州,与刘备、诸葛亮在当阳会面,并一起到了夏口。刘备听了鲁肃联兵抗曹的说法,非常激动,马上派诸葛亮随同鲁肃入吴,共商联合抗曹之策。

三是调周瑜回来,增强主战派的力量。周瑜出生于庐江郡舒县的一个官宦世家,他的父亲担任过洛阳令,他的从祖周景、从父周忠皆官至太尉,位列三公。孙坚起兵讨董卓之后,曾徙家居于舒县,少年孙策与少年周瑜成为至交。后来,周瑜还支助孙策平定江东。建安四年(199),周瑜担任中护军和江夏太守,跟随孙策攻打荆州。在攻下皖城(今安徽潜山)时,"得桥公两女,皆国色也。策自纳大桥,瑜纳小桥"(《三国志·吴书·周瑜传》)。这样看来,孙、周除政治趋向认同外,还有着连襟之亲。周瑜文武兼备,又多才艺,是个不可多得的将帅之才。把周瑜调回来,是可以"镇"住一些言必称"迎之"的人的。

周瑜回东吴后,马上当着众人的面发表了一通鼓舞人心的讲话。他认为,曹操看起来气势汹汹,不可一世,但实际上有许多致命的弱点。周瑜讲了四条:曹军远道而来,再加上水土不服,我可以逸待劳;曹军后方基地未稳,马超、韩遂两大强敌很可能在关西待时而起;舍鞍马而仗舟楫非北人之长;时逢盛夏,不习水土的北人"必生疾病"。这几条说得十分在理,投降派大都哑

口无言了。周瑜当场立下军令状:"瑜请得精兵三万人,进住夏口,保为将军破之!"(《三国志·吴书·周瑜传》)

这时诸葛亮在鲁肃的盛邀下也来到了吴地。诸葛亮带给孙权的信息是:刘备虽败,但尚有上万精兵,再加上关羽的水军精甲万人,力量是不可小视的。而且,刘备认识到刘、孙联盟的重要性,认为只要联手一搏,定能取胜。

周瑜、鲁肃和诸葛亮的议论,大大提高了孙权抗击曹操必胜的信心。为了表达自己的决心,孙权齐集众将,在众人面前拔刀砍下身前奏案的一角,说:"诸将吏敢复言当迎操者,与此案同!"(《三国志·吴书·周瑜传》裴松之注引《江表传》)众人肃静,此后再也无人敢说投降了。

曹操军队水陆东进,孙、刘联军由樊口、夏口溯流而上,两军相遇于赤壁(今湖北赤壁市西北)。

不出诸葛亮和周瑜所料,曹军中的很多北方人在潮湿多雨的江南染上了传染病,还未交战,军中已疾疫流行。一交战,曹军就失利,不得不撤到江北。周瑜的部将黄盖是个经验丰富的老将军。他在大战前仔细观察了敌阵。他对周瑜说:"今寇众我寡,难与持久。然观操军船舰首尾相接,可烧而走也"(《三国志·吴书·周瑜传》)。黄盖在这里讲了两条:一是主张速战,二是主张火攻。这第二条创造了战争史上的一个奇迹。不习水性的曹军为了适应水上作战,把数十艘船连接在一起,这样一来,就为吴军的火攻创造了条件。周瑜听了,拍手称好。

这次火攻设计得十分周密。先让黄盖诈降,由密探向曹营送去降书，约好数日后来降。到了那天，黄盖乘坐的斗舰在前，后面紧随着数十艘装满薪草、膏油的小船。当黄盖带领的船只离曹军的船只二里来远的时候，那几十只小船上突然燃起熊熊烈火，船只像箭一样驶向曹军连在一起的战舰。那晚老天爷也真帮忙，突然刮起了好大的东南风，大火一下把曹营的船只都烧着了。"顷之，烟炎张天，人马烧溺死者甚众，军遂败退。"（《三国志·吴书·周瑜传》）随后，周瑜带领水陆两路军反攻，曹操败走华容道。天寒地冻，狂风怒号，一路上饿死、踩死、烧伤而死的曹军不计其数。

赤壁之战初步奠定了三国鼎立的局面。唐代大诗人杜牧有《赤壁》诗云："折戟沉沙铁未销，自将磨洗认前朝。东风不与周郎便，铜雀春深锁二乔。"说真的，没有赤壁一战的胜利，孙、刘两家的命运真是很难说呢！

其实，赤壁前后的战事，对曹、孙、刘三家来说是各有所得：曹操虽没有达到吞并荆州和江东的目的，但占有襄阳却具有战略意义，并消除了南部对许都的威胁；孙权占有了荆州的东部江夏一带，既扩大了地盘，又巩固了江东；刘备奋战半生，一直没有一块像样的立足之地，如今占有了零陵、桂阳、武陵、长沙四郡，这是他日后发展的基地。

第二章 曹操经营北方

"奉天子以令不臣"

曹操是一个对中华文化理解相当透彻的人。他懂得"天子"在黎民百姓心目中的地位。即使到了东汉末年皇权衰微至极的情况下,"天子"仍然有他极高的政治利用价值。因此,曹操从步入政治舞台的第一天起,在天子的废立问题上,一直保持着一种与众不同的严谨态度。这也许是他事业成功的一个重要原因吧!

光和六年(183),已是天下大乱。冀州刺史王芬等人准备废灵帝,立合肥侯为帝,这些人把此事告知多谋善断的曹操。当时还不到三十岁的曹操表现得极其老成持重,他坚决拒绝这样做,并告诉王芬等人:"夫废立之事,天下之至不祥也。古人有权成败、计轻重而行之者……诸君自度,结众连党,何若七国?合肥之贵,孰若吴、楚?而造作非常,欲望必克,不亦危乎?"(《三国志·魏书·武帝纪》裴松之注引王沈《魏书》)他认为随意搞废立那一套的人都没有好下场。他的反对,阻止了一次废立之事。

初平元年(190),董卓"徙天子都长安",并且肆无忌惮地焚烧洛阳宫殿。这时，曹操站出来发声，他义正词严地说："今焚烧宫室，劫迁天子，海内震动，不知所归，此天亡之时也。"（《三国志·魏书·武帝纪》）他预料那些"劫迁天子"的人最后必遭"天亡"的厄运。

在汉献帝处境最危急、威信最低落的时候，各种政治、军事势力对"天子"的处置和态度是截然不同的。

董卓之流就不必说了。他们是一次又一次地劫持，根本不给天子应有的礼遇。不要说天子有什么尊严了，就是衣食也不周全！"天子入洛阳，宫室烧尽，街陌荒芜，百官披荆棘，依丘墙间。"（《三国志·魏书·董卓传》）

那个道貌岸然的袁术，在董卓的余党郭汜、李傕相互攻战不已，把洛阳城弄成一片废墟之时，却出来浑水摸鱼，出演取而代之的丑剧。史载："（建安）二年春，袁术自称天子。"（《后汉书·献帝纪》）当然，他这个"天子"也是短命的，到建安四年（199）的夏天也就一命呜呼了，一共当了两年的"皇帝"。

袁绍是被曹操排斥在"英雄"行列之外的，也被人斥为"无经远之虑"，是个目光短浅的人，这从他对天子的态度上也可以看出来。综合一些资料看，在如何对待"天子"的问题上，他是游移不定的。当听到谋士要他"迎大驾于西京，复宗庙于洛邑，号令天下"时，他很高兴地说："此吾心也！"（《三国志·魏书·袁绍传》）后来听谋士郭图和大将淳于琼说，如果把天子放在自己身边，就会有诸多不便，于是，袁绍又犹疑不定了。郭图和淳于琼是这样说的："今迎天子，动辄表闻，从之则权轻，违

"坞"字图画像砖（三国·魏，甘肃嘉峪关市1号墓前室西壁）。此图是对当年坞内建望楼，略如城制的写照。坞主多为豪强地主，借助坞壁加强防御，组织私家武装。

之则拒命，非计之善者也。"（《后汉书·袁绍传》）听了这话，袁绍也就不愿"迎天子都邺"了。

曹操的态度就与董卓、袁绍、袁术之辈完全不同。早在初平三年（192）他的谋士毛玠就提出了"奉天子以令不臣，修耕植，畜军资"的建议，当时，"太祖（曹操）敬纳其言"，但是当时条件不成熟，他也就没有什么举动。建安元年（196），献帝回到了千疮百孔的洛阳城，与他的臣属一样"披荆棘，依丘墙间"。这是献帝一生中最悲苦、最危急的时候。正在此时，曹操出手"奉天子以令不臣"。献帝是七月到的洛阳，曹操八月就亲至洛阳"朝见献帝"，立即把献帝请到了许县，并宣布以许为都。在《后汉书·献帝纪》中有这样一笔："庚申，迁都许。己巳，幸曹操营。"文笔平和，可见这个过程是在和平的气氛中实施的，并无世传的"挟持"行为。

需要特别注意的是，毛玠给曹操提出的"奉天子以令不臣"的这条建议。这里的"奉"有侍奉、供奉、拥戴的意思。事实上，曹操打出的一直是"奉天子"的旗号，他拥戴献帝，在献帝最困难的时候把他供养起来。正因为做成了"奉天子"这件事，曹操才有了"令不臣"的政治资本。

有人会说，不对啊，一些权威的史学论著不都说"曹操挟天子以令诸侯，挟持汉帝迁都许昌，这是曹操政治上的一大成功"吗？

这是史家的错笔。

在东汉末年的大乱世中，是否有人提出了"挟天子以令诸侯"的口号呢？有的。在《三国志·魏书·袁绍传》的裴松之注所引的《献帝传》中，有这样一段至关重要的文字："沮授说绍云：'将军累世辅弼，世济忠义。今朝廷播越，宗庙毁坏，观诸州郡外托义兵，内图相灭，未有存主恤民者。且今州城粗定，宜迎大驾，安宫邺都，挟天子而令诸侯，畜士马以讨不庭，谁能御之？'绍悦，将从之。"

这就清楚了，提出"挟天子而令诸侯"的是袁绍的大谋士沮授，而"将从之"的是袁绍。将这话张冠李戴到曹操头上的怕是《三国演义》。

《三国演义》为了突显曹操的"奸雄"品性，全方位地丑化曹操，就把原来属于袁绍的这顶帽子戴到曹操头上去了。

曹操当然有一统天下的雄心，也想假献帝这位天子来慑服那些诸侯，这是没有问题的。但是，他一直奉行的是"奉天子"的方略，而不是"挟天子"。在曹操的"供奉"下，献帝比较安乐平稳地生活了二十四年。从《后汉书·献帝纪》看，献帝在许都还是比较自由的，祀天、郊游、立嗣，都没有受到多大的干预。即使是在献帝参与"密谋诛曹"事发后，曹操也只是"杀董承等，夷三族"，对献帝并没有采取过激的处理。

终其一生，曹操也没有产生过袁术那样"取而代之"的念头。当东吴的孙权要他当皇帝时，他认为"是儿欲踞吾著炉火上耶"（《三国志·魏书·武帝纪》裴松之注引《魏略》）。在"十分天下而有其九"的大背景下，曹操仍然十分清醒，面对群臣的劝进，他说："若天命在吾，吾为周文王矣！"（《三国志·魏书·武帝纪》裴松之注引《魏氏春秋》）这也可为"奉天子"的一证。

求贤"三令"

据《世说新语·容止》刘孝标注引《魏氏春秋》：曹操"姿貌短小，而神明英发"，说曹操虽然个头不高，却很有精神，很有才华。他是个笃学不倦、乐于进取的人，据说，他平时"手不舍书，昼则讲武策，夜则思经传"（《三国志·魏书·武帝纪》裴松之注引《魏书》）。他自己是个高素养的人，这是他爱才、举才、惜才的前提条件。

曹操一方面要求官吏廉洁、干练，另一方面又不拘一格录用人才。他曾先后三次下求贤令，要求天下共举人才，把真正利国利民的人才挖掘出来。这在曹操政治生涯之中关系重大，这里姑且名之为举才"三令"吧！

第一道求贤令发布于建安十五年（210），也就是赤壁之战刚过去一年多的时候。他把赤壁之败归结为人才的缺乏和不足。《三国志·魏书·武帝纪》所载的这道政令是这样的：

> 自古受命及中兴之君，曷尝不得贤人君子与之共治天下者乎！及其得贤也，曾不出闾巷，岂幸相遇哉？上之人不求之耳。今天下尚未定，此特求贤之急时也。"孟公绰为赵、魏老则优，不可以为滕、薛大夫"。若必廉士而后可用，则齐桓其何以霸世？今天下得无有被褐怀玉而钓于渭滨者乎？又得无盗嫂受金而未遇无知者乎？二三子其佐我明扬仄陋，唯才是举，吾得而用之。

这是一则充满着求才热情的求贤令。约略分析起来，至少讲了以下几点。第一，人才是"治天下"极为重要的因素，曹操在这里提出了政治家与"贤人君子"共治天下的宏论，细细辨来，实在不无道理。第二，人才不会自动送上门来，他要求"上之人"（即处于上位之人）去"求"，去开发。一个"求"字，把人才产生的基本条件描述得清清楚楚了。在曹操看来，不只"受命"之君、"中兴"之君应该求贤若渴，就是在他所处的大乱世，也应把"求贤之急"提到议事日程上来。第三，也是最重要的，

拜谒图（魏晋时期）。图中两人躬身，手执写有姓名和官职的名刺，一人捧剑，这是魏晋南北朝上层社会觐见拜会的场面。隋唐时期仍流行这种拜谒之风。

就是如何看待贤才的问题，也就是我们要用怎样的贤才的问题。全才只存在于理论上，所有的人才都是会有这样那样的缺点和不足的，只要有一方面的才能，就要用他。"其佐我明扬仄陋，唯才是举，吾得而用之。"只要是能帮助统治者弘扬光明、捐弃不足的，就要用他。"唯才是举"是曹操人才思想的核心。

第二道求贤令制定于建安十九年（214）的十二月。这道求贤令可以看成是第一道求贤令的补充和发展。曹操对士人做了具体分析后，提出了"夫有行之士未必能进取，进取之士未必能有行"这样的论点，从这一论点出发，得出了"士有偏短，庸可废乎"的结论。曹操要求选才的人不要死抓住人家的"偏短"处不放，要全面地看待士人。这实际上还是第一道求贤令中强调的"唯才是举"。曹操想得很具体，要求军中的典狱者在处置士人的"偏短"时也要网开一面，不要动不动就拿士人开刀。这也可以看成是曹操对广大士人的十分有力的保护。曹操说这些话时，可能是有很强的针对性的，可惜这方面现存的资料并不多。

第三道求贤令发布于建安二十二年（217）的八月。这篇令文的宗旨仍然是"唯才是举"。该文先从历史人物说起："昔伊挚、傅说，出于贱人；管仲，桓公贼也，皆用之以兴。萧何、曹参，县吏也；韩信、陈平，负污辱之名，有见笑之耻，卒能成就王业，声著千载。吴起贪将，杀妻自信，散金求官，母死不归，然在魏，秦人不敢东向，在楚则三晋不敢南谋。"（《三国志·魏书·武帝纪》裴松之注引《魏书》）这里列举了八位古代贤人，曹操想告诉人们什么呢？他想告诉人们，不管出身优劣，不管地位高低，不管名声好坏，不管经历如何，只要有真才实学，就能得到重用。他说了一句十分极端的话："或不仁不孝而有治国用兵之术，其各举所知，勿有所遗。"这是魏晋时期的大思想家敢于冲破思想牢笼的表现，可以说是代表了那个时代的价值取向。

汉末三国时期，群雄割据，各个势力为了拓展自我的生存空间，征战不已。从一定意义上讲，武力的竞争本质上还是人才的竞争。曹操求贤"三令"的提出，主张"唯才是举"，主张多从社会下层发掘人才，这是他最终战胜群雄的最重要条件。

开荒屯田

军事是要靠经济来支撑的。在当时众多的军事集团中，不少集团就是因为"乏粮谷"，最后导致"瓦解流离，无敌自破"的。当时军队中缺粮可以说是一种普遍现象。据史书记载，袁绍军在河北的时候，一度无粮，号召士兵去林间采桑葚充饥。袁术的军队在江淮时，也一度缺粮，就让士兵去捉一种叫蒲蠃的蜗牛食用。这两支当时的顶级部队尚且如此，一般只有数百数千人的队伍，一遇缺粮就只好自行解散了。至于"民人相食，州里萧条"，那是大乱后的普遍现象。

作为一个大政治家，曹操非常懂得经济的重要性，尤其懂得发展农业生产的重要性。他从起兵起就一直在考虑这个问题。尤其是建都许下，迎献帝于许都以后，宗庙社稷制度随之也建立起来，这时粮食问题更是关乎这一政治军事集团的生死存亡了。

在当时，土地是不成问题的。战争造成的一个重大后果是人口大量减少，有的地方人口只是十存其一二，这样，大量的土地就荒芜了，"今承大乱之后，民人分散，土业无主，皆为公田"（《三国志·魏书·司马朗传》）。所谓"公田"，实际上就是无主土地。

大战之后，相当一部分人战死了，还有相当一部分人外流了，成为流民。流民问题是社会的一大祸害，是引起社会动乱的原因之一。

荒地如何屯垦，流民如何安置，成为摆在曹操面前的一个重大课题，也是决定曹操政权成败的关键之所在。

建安元年（196），曹操在巩固了兖州的统治权以后，进而围攻汝南、颍川的黄巾起义军。许下一战，杀死了黄巾军的首领黄邵，另一部分黄巾军的首领何仪、何曼率部投诚，大约有一万人。收编容易，但多了一万兵士，就多了一万张嘴，而且这一年又"饥旱，军食不足"，吃饭就成了首先要解决的大问题。有个叫枣祗的谋士说："这好办。就让这些投诚的农民军将士在许下屯田吧！这些人本来就是农民，当兵的时间最多两年，他们打仗未必行，屯田却是内行。"曹操一听，觉得可以实行，就马上开始办起来。

为了办好屯田这件大事，曹操设立了专门的管理机构，由曹操的从妹夫任峻担任典农中郎将，统筹管理此事。这些农民出身

屯垦壁画（魏晋时期）。壁画将士兵和耕者画在一个场景中，可见这是当年军屯实况的反映。屯田对于农业的发展以及民族的融合起了不可忽视的作用。

的士兵一看到有农活干，而且政府负责农具、种子的供应，吃饭、住宿问题都解决了，劳动积极性非常高。当时是田多人少，单靠这一万多人还不行，又招募了一些流民。这样一来，第一年就有很好的收成。据史书记载："募百姓屯田于许下，得谷百万斛。"人们称赞屯田之举的创议人和实施者，说："军国之饶，起于枣祗而成于峻。"（《三国志·魏书·任峻传》）

这件事给了曹操很大的信心。他在一个文告中说："夫定国之术，在于强兵足食，秦人以急农兼天下，孝武以屯田定西域，此先代之良式也。"（《三国志·魏书·武帝纪》裴松之注引《魏书》）他要以秦始皇和汉武帝为"先式"把屯田从许下推向其所控州郡。然后，他在他所控制的"州郡例置田官"，专门负责屯田事宜。屯田区一般设在肥沃易耕的地区和军政重地，由国家任命的典农中郎将、典农校尉和屯田都尉管理，郡县地方官不得插手，最后统属于中央的大司农。"数年之中，所在积粟，仓

守卫图（魏晋时期）。此砖画所描绘的是一个手持木棍的男子，右边树下蹲着一只大狗，正在为主人看守庄园。

廪皆满。"屯田所得,不只归民用,一部分也供给军队。"州郡例置田官,所在积谷,征伐四方,无运粮之劳。"(《三国志·魏书·武帝纪》裴松之注引《魏书》)这也是曹操霸业成功的一大条件。

从总体上讲,曹操实施屯田制,利在国家,也利在民众,使大部分屯民免受冻馁之苦。屯田所得,公私分成。如果是用官牛的,四六分成;不用官牛的,对半分成。但是,屯田上的农民比起自耕农来地位明显要低,他们与曹魏政府有较为严重的隶属关系,愈到后来,这种隶属关系愈明显。政府成了最大的地主,而"屯田客""屯兵"成了在屯田土地上耕作的隶属农民。

在开荒屯田的同时,曹操还兴修水利,推广先进的生产工具和生产方法。他特别重视发展冶铁业,设立了司金中郎将、司金都尉、监冶谒者这样一些专业职官,使冶炼技术大大提高。他还废除了汉代实行的口赋和算赋,在一定程度上减轻了人民的负担,为北方经济的恢复和发展创造了条件。

九品中正制

曹操要想稳固和强化自己的统治,就必须突破大族豪门势力的挟制,因此他提出了"治平尚德行,有事赏功能"的选官准则,最终归结为"唯才是举"。建安末,有人建议郡县官吏三年考核一次,以所管辖地区的实绩——户口与垦田的增减、有无动乱现象以及有无民众逃亡这几方面——为标准，决定升迁。曹操看到这份"治道表"后十分赞同，认为今后考课官吏"皆当以事，不得依名"。这是"唯才是举"方略在考核上的具体化。

曹操这种唯才是举、不拘一格录用的选才方略，在其子曹丕即位为帝后，就一点点发生了变化。

公元220年在中国历史上是一个十分特殊的年份。从东汉王朝的视角看，这一年为延康元年，而从以魏代汉视角看，这一年为黄初元年。就在这节骨眼儿上，曹丕的心腹之臣陈群提出了九品官人法，标志着九品中正制的出笼。陈群是许昌人，祖上世代为官，有盛名。他年轻时与孔融是好朋友，两个人一样的"高才倨傲"。陈群在曹操当政时得不到重用，却暗暗地依傍上了曹丕。曹丕一即位，就封陈群为昌武亭侯，徙为尚书。陈群送给主子的第一份大礼，就

上尊号碑（拓片，局部），又名劝进碑，为臣下们恳请曹丕即位的奏书石刻，与《受禅表》所刻时间、地点均相同，现存河南临颍南繁城镇汉献帝庙中。此碑文字是汉魏时期官方隶书的代表，极为工整划一，有向楷书转变的痕迹。清代顾炎武《金石文字记》以为"此文当在延康元年（220），而刻于黄初之后"。

是后来影响深远的九品官人之法。为此，他很快就被任命为尚书令，进爵颍乡侯。

陈群的九品官人法提案，史书上没有记载，但从唐代杜佑《通典·选举二》的相关文字中可见一斑。"按九品之制，初因后汉建安中，天下兴兵，衣冠士族多离于本土，欲征源流，遽难委悉。魏氏革命，州郡县俱置大小中正，各取本处人任诸府公卿及台省郎吏有德充才盛者为之，区别所管人物，定为九等。"这段话透出了以下三点信息：

首先，九品中正制的推行，在推行者看来是一次用人制度上的"革命"。此举要"革"谁的"命"呢？当然是革"唯才是举"的命了。九品中正制的产生，标志着用人制度的一种大变革。

夫妻对坐图（三国·魏）。这是辽阳公孙家族墓葬的壁画，画中描绘的家居陈设及服饰装扮等，是当时望族豪门生活的写照。

其次，十分明确的是，这种制度就是为那些在大动乱中离开乡土的"衣冠士族"服务的。何为"衣冠士族"？这里说的"衣冠"是衣冠楚楚的省略语，在那个时代，谁能衣冠楚楚呢？当然是有身份的人了。出土于辽阳公孙家族墓葬的"夫妻对坐图"壁画中那对夫妻的身份就是大家士族。"士族"，亦称世族、势族、高门，即指那些世世为官、有权有势、住在高门大宅里的人。在东汉末的大乱世中，这些世家大族有不少人被打翻在地，还有不少人流离失所。现在，以陈群为首的一派社会势力要为他们说话，让他们重登历史舞台。

再次，九品中正制的最基本条件是"德充才盛"，把德放在了第一位，这明显是冲着曹操的"唯才是举"来的。有学者指出："九品官人法一出，就等于是对曹操'唯才是举'的三令的精神的否定。"①

当然，这有一个长期的发展过程。按我们的理解，陈群推出九品官人法，主旨之一在于纠偏。曹操的"唯才"论本身不无偏颇之处，把那些"不仁不孝、盗嫂受金"的人推到政治舞台的中心，实际上也已经造成了若干社会弊端。陈群提出人才以"德为先"这一点本身没有错。

不少学者认为，九品中正制初行阶段既纠正了曹操重才不重德的偏差，又建立了比较完备的选官议官制度，有一定的积极意

---

① 白寿彝总主编，何兹全分册主编：《中国通史·第5卷·中古时代·三国两晋南北朝时期》（修订本）上册，上海人民出版社2004年版，第154页。

义。九品中正制初行时，士人的品定之权掌握在政府选定的中正官手中，多少改变了以往名士"臧否人伦"、操纵选举的局面。当时的中正官比较公正廉洁，选出了一批既有德行又比较有才干的人。后人也有这样的评述："其始造也，乡邑清议，不拘爵位，褒贬所加，足为劝励，犹有乡论余风。"（《晋书·卫瓘传》）

然而，九品中正制的出台本身是为"衣冠士族"谋出路的，它自然就会为士族操纵政坛打开方便之门。果然，九品中正制实行不久，中正一职便为各地在京做官的世家所把持，而九品制所品评出来的人物，其高品也都为世家高门所占有。到了西晋时期，朝廷已是"上品无寒门，下品无势族"（《晋书·刘毅传》）了，这当然是后话了。在曹丕所重视的世家名门中，有一人叫司马懿，他先后被曹丕、曹叡重用，直到大权独揽，最终导致了曹魏政权的覆灭和西晋的建立。

第三章 诸葛亮治蜀

刘备入蜀

赤壁之战后，刘备取得了荆州的部分领土，初步站住了脚跟。但是，当时刘备的处境仍然很艰难。曹操虎视眈眈，随时准备吞并刘备的地盘。虽说在赤壁之战中初步建立了孙、刘联盟，但联盟的基础还是很不稳固的，孙权对刘备据有荆州四郡心有不甘。诸葛亮在《隆中对》中要求刘备"跨有荆、益"，而益州比荆州更为重要，道理很简单，因为"益州险塞，沃野千里，天府之土"。因此，在刘备稍稍稳固荆州的占领地后，重要的任务就是向益州进军了。

益州是个大地方，也是当年汉高祖刘邦赖以成就帝业的风水宝地，用诸葛亮的话来说就是"高祖因之以成帝业"。益州地域广大，包括今除川西高原以外的四川大部，还包括重庆、贵州、云南大部分地区，甚至陕西南部和缅甸北部也在其辖区内。此时，刘焉、刘璋父子已在益州统治了二十多年。刘焉为汉朝宗室，在战乱之世，他还是比较清醒的，上书说愿意到边远地去当州牧。恰好益州刺史为黄巾军所杀，朝廷就派刘焉去当益州牧。这一去就是二十来年。刘焉入益州后，与当地的豪族势力

剑门关，地处四川盆地北缘，为汉中入蜀的要道，有"一夫当关，万夫莫开"之称。

关系紧张，他采取镇压的手段来巩固自己的势力，结果却适得其反。刘焉死后，其子刘璋继任益州牧。当时益州民众与北方流民之间矛盾尖锐，刘璋站在北方流民一边，这样使矛盾更加尖锐了。刘璋是个没有政治能力和远见的人，在刘备进入益州前，他已经难以控制当地的局面了。

当时曹操虎视益州，汉中的张鲁也对益州产生了威胁。益州地主集团的中坚是蜀郡的张松，他企图依赖外来势力推翻刘璋，便假惺惺地向刘璋建议请刘备来益州，那样可以利用刘备的力量消灭汉中的张鲁。张松说："刘豫州，使君之宗室而曹公之深仇也，善用兵，若使之讨鲁，鲁必破。鲁破，则益州强，曹公虽来，无能为也。"（《三国志·蜀书·先主传》）刘璋一想，也对，就同意了。随即派遣法正为代表,率四千人的大规模队伍到荆州去迎接刘备。

对刘备来说,这一"请"无疑是件求之不得的大好事。他安排诸葛亮、关羽、张飞、赵云守荆州,自己带领庞统、黄忠率领步兵数万来到涪县(今四川绵阳市涪城区)与刘璋相会。至涪县,"璋自出迎,相见甚欢",可见刘璋不是个有心计的人。当时张松、法正、庞统等都力劝刘备趁见面时杀了刘璋,刘备的回答是"此大事也,不可仓卒"。刘备这样做是对的。

一年后,刘备还是按兵不动,不去打张鲁,而是"厚树恩德,以收众心"(《三国志·蜀书·先主传》)。刘备来益州的意图很清楚了,这使刘璋很不高兴,刘璋就离开涪县回到成都。后来刘备向刘璋借兵攻曹操,刘璋只给少许,他们的矛盾就更表面化了。在得到益州人支持的条件下,刘备发动了对刘璋的战斗,这时诸葛亮也率张飞、赵云一起合围刘璋。建安十九年(214),刘备的几支部队兵临成都城下,刘璋投降,刘备便当起了益州牧。

取下益州后,刘备马不停蹄地准备进军汉中。汉中是益州的北方门户,对取得益州的刘备来说,汉中是必争之地。此时,曹操却率先下手,大军出武都(今甘肃陇南市武都区)征讨汉中的张鲁。汉中的张鲁靠宗教立政权,兵力不强,很快就投降了。曹操以大将夏侯渊留守汉中。

建安二十三年(218),刘备做好充分准备后,决定从曹操手中夺回汉中。两军相持了将近一年。建安二十四年(219)春天,曹操的大将夏侯渊与刘备的大将黄忠在定军山展开了一场大战,刘备军大胜,并斩杀敌方主将夏侯渊。曹操急调大军来救,刘备的军队就隔着汉水与曹军对峙,却不急于作战。就这样对峙了一个多月,曹军粮草不济,军中又发生了疾病,"亡者日多",只得退兵了。

这是刘备最强盛的时期。他东占有荆州五郡(南郡、长沙郡、武陵郡、零陵郡和桂阳郡),西占有益州全域,北占有汉中,可以说是基本实现了《隆中对》中说的"跨有荆、益"的宏愿。

刘备东征的失败

在孙、刘的联合与斗争中,"荆州"一直是一个纠葛点。当年赤壁战争后,曹操留曹仁守江陵。周瑜围江陵近一年,付出的代价不能说不大。建安十四年(209),曹仁再也无法支撑下去了,江陵便为周瑜所得。当时刘备正是困难的时候,鲁肃出于孙、刘联盟的考虑,向孙权建议"借"江陵所属的南郡给刘备,待刘备发展起来后再还给孙权,这就是所谓的"借荆州"(因南郡属于荆州)。为此,双方数年间纠葛不断。孙权也埋怨鲁肃当年把南郡借给刘备,造成了后来局势的被动。

随着刘备事业的发展,围绕"借荆州"产生的矛盾愈加尖锐,尤其是刘备获取益州后,孙权心中更是不平衡,矛盾一下升级了。"(建安)二十年,孙权以先主已得益州,使使报欲得荆州。先主言:'须得凉州,当以荆州相与。'权忿之。"(《三国志·蜀书·先主传》)在这样的一来一往中,刘备一方有点要赖皮,说得了凉州后再还,那要等到什么时候?凉州远在今天的甘肃、宁夏及青海湟水流域,后来的事实证明,刘备也不可能夺得这块土地。这等于说,荆州现在在我手里,我不想还了。事情闹得不可开交,就由当事人鲁肃来向守备荆州的关羽讨还。鲁肃责备关羽:"国家区区本以土地借卿家者,卿家军败远来,无以为资故也。今已得益州,既无奉还之意,但求三郡,又不从命。"(《三国志·吴书·鲁肃传》)经过几度讨价还价,最后两家达成一致意见,中分荆州,长沙、江夏、桂阳以东属孙权,南郡、零陵、武陵以西属刘备。孙权以昔日的南郡换取了现今的长沙、江夏、桂阳。按理说问题可以解决了,但是,孙权并不满足,他的目标是夺取刘备手中全部的荆州。

史家说:"荆州问题的纠缠,并不是借与还的道义问题,而是军事形势上的实质性斗争。"[1]荆州在谁手里,谁就掌控了军事上的主动权。孙权和刘备并非不知道为了区区一个荆州会伤了两家和气,但为了自家的利益,又必须力争。

建安二十四年(219)是刘备事业的顶峰,也是其事业由盛而衰的转折点。这一年,打败曹操数万主力军后,刘备率诸将入汉中,并牢固地据有了汉中。这一年,刘备上奏汉献帝,"依汉初诸侯王故典"请称"汉中王"。这一年,刘备封关羽为"前将

---

[1] 白寿彝总主编,何兹全分册主编:《中国通史·第5卷·中古时代·三国两晋南北朝时期》(修订本)上册,上海人民出版社2004年版,第145页。

军"，得意忘形的关羽率军北上攻襄、樊。

刘备入蜀时，就交给坐镇江陵的关羽两大任务：一是待时机成熟时从曹操手中夺取襄、樊两地，这样可以关紧荆州的北大门，进可攻，退可守；二是巩固刘、孙同盟，不要把两国间的关系搞僵。第一件事是关羽想做、愿做的。第二件事其实也是他能做的，但由于他的孤高自傲，没做好，甚至可以说是做坏了。"权遣使为子索羽女"，这本是通过联姻密切刘、孙关系的契机，而且这一建议是孙权一方主动提出来的。可是，"羽骂辱其使，不许婚"，这是非常伤感情的事，惹得"权大怒"。(《三国志·蜀书·关羽传》)

当关羽率军攻樊时，守将曹仁抵挡不住。曹操急派大将于禁助曹仁。结果曹仁大败，于禁投降。"羽威震华夏"，为了避其锋芒，曹操曾一度准备迁都。这时，曹操使出一计，派使者告诉孙权，可以从后方攻击关羽，事成后"许割江南以封权"。在巨大的利益面前，孙权顺从了。孙权派大将吕蒙昼夜兼行，抄了关羽的后路，把江陵的关羽一家老小都给俘获了，江陵城中的士兵不战而降。关羽闻讯撤军，关羽的部属也不愿打仗，不少人四散逃走了。关羽败走麦城，被孙权军队捉住后杀死。孙权取得了江陵。

要不要马上夺回江陵？要不要为此与孙权决一死战？当时刘备政权内部是有不同看法的。刘备自身出于所谓的"兄弟"之情，坚决主张对孙权用兵。当时传言汉献帝被害，刘备也就顺势称帝，并积极准备东征。而赵云比较清醒，他主张一切从长计议，认为"不应置魏，先与吴战。兵势一交，不得卒解也"

关羽擒将图（明代商喜绘）。此图所画是《三国演义》中生擒庞德的故事。图中庞德上身裸露，赤脚，双目怒睁，咬牙切齿，毫不畏惧。

(《三国志·蜀书·赵云传》裴松之注引《云别传》)。诸葛亮也是不主张对吴用兵的，当年联孙抗曹的方略就是他制定的。但因为当时蜀国的国内充斥着主战的气氛，刘备又一味要亲率大军与孙权决一死战，他也就不好说什么了，只是在兵败以后叹道："法孝直（法正）若在，则能制主上，令不东行。"(《三国志·蜀书·法正传》)

蜀汉章武元年（221）春夏之际，刘备亲提大军四万余人沿长江东进。从巫峡到夷陵，有六七百里地，江岸两侧地形十分复杂。刘备的军队舍舟登陆，在江岸南侧的夷陵一带结营，刘备自己则率主力屯营于夷陵猇亭（今湖北宜昌市猇亭区）。"树栅连营七百余里"，分散驻军，就大大削弱了自己的战斗力。这样做的恶果连正在冷眼旁观的曹丕也看出来了，说"备不晓兵，岂有七百里营可以拒敌者乎"（《三国志·魏书·文帝纪》）。东吴用大将陆逊迎战。刘备军远道而来，只求速战，一再挑战，但陆逊就是不出战。等到了此年的盛夏时节，陆逊看时机到了，就命东吴将士各执火把向刘备的军营冲去，这就是著名的"陆逊烧营七百里"的历史故事。这一"烧"使刘备的军队大乱，死伤无数。当然，对刘备"连营七百里"一说，史家历来有所疑惑，因为就是一点儿也不懂得兵法的人，作为主动进攻方也不会那样布阵。再说，即使是真有"连营七百里"，按当时的火

关林外景。关林相传为埋葬三国时蜀将关羽首级的地方，前为祠庙，后为墓冢，位于洛阳市老城南七公里的关林镇。

器也"火烧"不起来。这完全是小说家的向壁虚构,所以正史上只是写了"与吴军相拒于夷陵道""陆议(逊)大破先主军"(《三国志·蜀书·先主传》)数语。真实的情况可能是因为蜀军远道而来,又不习水战,故遭大败。刘备乘着夜色逃遁,逃归白帝城(在今重庆奉节县白帝村)时,自己的队伍已经所余无几了。如此惨败,刘备当然伤心不已,不久就在悲愤交加和充满自责的心境中离开了人世。

临死前,刘备托孤于丞相亮,并要求自己的儿子刘禅:"汝与丞相从事,事之如父"。诸葛亮也不敢怠慢,接过了这副沉重的担子。他命令"百寮发哀,满三日除服"。三日后脱下丧服,还有更多的事要做呢!从此,"政事无巨细,咸决于亮",蜀国实际上进入了诸葛亮时代。

七擒七纵孟获

蜀汉章武三年(223),刘备亡故,诸葛亮接过了主持蜀汉政权的沉重担子。他觉得要做的第一件大事是修复与东吴的关系。因为只有这样,才能安定蜀地,共同抗击强大的曹魏。当时蜀国上下一片复仇声,诸葛亮力排众议,坚决执行联吴抗魏国策。他派遣邓芝出使东吴,主动加强与东吴的联盟关系。这多少使东吴一些人感到意外,也使东吴的主政者感动。史书上说:亮"遣使聘吴,因结和亲,遂为与国"(《三国志·蜀书·诸葛亮传》)。这

白帝庙外景。刘备临终前曾在该庙中将政权和儿子刘禅托付给诸葛亮,该庙因此名扬天下,白帝城也被涂上浓厚的三国色彩。

可以说是化敌为友的典范。

在做了较为充分的准备以后,建兴三年(225),诸葛亮即率军南征。所谓"南征"就是要处理好与今四川南部、贵州、云南等地的少数民族之间的关系,使蜀汉政权有一个安定的后方,日后好集中精力北伐中原,对付曹魏政权。

南征军兵分三路。东路军由马忠率领,直取今贵州地区;中路军由李恢率领,矛头直指今四川南部;西路是主力军,则由诸葛亮自己率领。西路军面对的就是"南人"的首领孟获。

在出发南征前,诸葛亮与他的爱将马谡之间曾有过一番交谈,马谡建议说:"南中恃其险远,不服久矣!虽今日破之,明日复反耳。今公方倾国北伐以事强贼，彼知官势内虚，其叛亦速。……用兵之道，攻心为上，攻城为下，心战为上，兵战为下，愿公服其心而已。"（《三国志·蜀书·马谡传》裴松之注引《襄阳记》）诸葛亮十分赞赏这番话，完全接受了马谡的建议，对孟获实施"攻心为上"的战略。

南征的三支队伍各自取得了胜利，最后对当地少数民族的首领孟获造成了合围之势。孟获南有李恢的迎击，北有诸葛亮军的追兵，最后被包围在南盘江上游的曲靖一带，还几度被捉住。《汉晋春秋》有这样一段生动的记述：

亮至南中，所在战捷。闻孟获者，为夷、汉所服，募生致之。既得，使观于营陈之间，问曰："此军何如？"获对曰："向者不知虚实，故败。今蒙赐观看营陈，若只如此，即定易胜耳。"亮笑，纵使更战，七纵七禽，而亮犹遣获。获止不去，曰："公，天威也，南人不复反矣！"

这段"七擒七纵"的带有传说故事性质的记述，应该说大致上还是可信的。[①]因为它基本上与诸葛亮的南征主旨相吻合，是"攻心为上"战术的生动体现。"南人不复反矣"也是基本符合历

---

① "七擒七纵"的说法首见于《汉晋春秋》，后被大部分史家所认可，不少史著都沿用此说。至于后来《三国演义》中演绎出许多具体的情节来，那是小说家的手法了。

史事实的。

诸葛亮平服南中以后，采取不留兵、不留官的方略，"皆即其渠帅而用之"，放心地让"南人"自己去治理自己，相当于民族自治的办法。同样是《汉晋春秋》一书中，留下了诸葛亮的一段话："若留外人，则当留兵，兵留则无所食，一不易也；加夷新伤破，父兄死丧，留外人而无兵者，必成祸患，二不易也；又夷累有废杀之罪，自嫌衅重，若留外人，终不相信，三不易也。今吾欲使不留兵，不运粮，而纲纪粗定，夷汉粗安故耳。"应当说，"夷汉粗安"这种说法是恰如其分的。

诸葛亮"七擒七纵"孟获虽说在史书上语焉不详，但其体现的精神是值得大书特书的。它告诉人们，民族间有这样那样的矛盾很正常，关键是有话好好说，有事商量着办，不能一味用打压的手段伤了民族间的和气。诸葛亮的"七擒七纵"是手段，其骨子里是民族和解。

六出祁山

诸葛亮平定南中以后，大约只休整了一年，就于蜀汉建兴五年（227）率大军屯汉中沔阳（今陕西汉中市勉县），准备北伐。出发前创作了著名的《出师表》，其中写道：

> 臣本布衣，躬耕于南阳，苟全性命于乱世，不求闻

达于诸侯。先帝不以臣卑鄙,猥自枉屈,三顾臣于草庐之中,咨臣以当世之事,由是感激,遂许先帝以驱驰。后值倾覆,受任于败军之际,奉命于危难之间,尔来二十有一年矣。先帝知臣谨慎,故临崩寄臣以大事也。受命以来,夙夜忧叹,恐托付不效,以伤先帝之明。故五月渡泸,深入不毛。今南方已定,兵甲已足,当奖率三军,北定中原,庶竭驽钝,攘除奸凶,兴复汉室,还于旧都。

这段话是感人的。一是讲述了自己艰苦奋斗的历程。"受任于败军之际,奉命于危难之间,尔来二十有一年矣。"从建安十二年(207)的刘、关、张"三顾茅庐",到建兴五年(227)的军屯沔阳,的确已经过去了二十一年。其间虽说是艰难困苦,但成绩还是巨大的。从刘备无立足之地,到三分天下有其一,这些都来之不易。诸葛亮旧事重提,意在鼓舞士气。二是诸葛亮在出师前重提了"北定中原,庶竭驽钝,攘除奸凶,兴复汉室"的口号。事实上,蜀国一直是三国中最弱小的一个国家,它想"北定中原"简直是不可能的。但是,诸葛亮一再提出这个口号,并举重兵北伐,道理何在呢?翦伯赞先生以为:"蜀国是当时最弱的一个国家,只有以攻为守,才能图存。"[1]此说可为读者参考。

自建兴六年(228)第一次北伐,到建兴十二年(234)诸葛亮

---

[1] 翦伯赞主编:《中国史纲要》,人民出版社1983年版。

病死五丈原，六年间魏、蜀间有六次较大的战争，其中五次是蜀汉发动的进攻，一次是魏国发动的进攻，这一般称为诸葛亮"六出祁山"。

诸葛亮选在建兴六年（228）北伐，也是有一定道理的。那时魏文帝曹丕已去世，其子曹叡即位还不满两年，曹、司马两个政治集团之间的矛盾却已逐渐尖锐起来，魏国的一些地方势力也产生了离心的倾向。趁此时伐魏，的确是一个不错的时机。

建兴六年（228）春，诸葛亮率领大军正式伐魏。他亲率大军向西北的祁山（今甘肃陇南市礼县北）方向进攻。经过几次小的

《出师表》（岳飞手书石碑拓片，局部）

战斗，魏国的天水（今甘肃天水市甘谷县东）、南安（今甘肃定西市陇西县东南）、安定（今甘肃庆阳市镇原县东南）三郡即归附了蜀国，而且天水大将姜维也向诸葛亮投诚，他在诸葛亮去世后成为蜀国的柱石。眼看诸葛亮的这次北伐已取得了巨大胜利，魏国朝野为之震惧，急忙派出名将张郃率五万精兵前来抵挡。当时总的形势对蜀军是有利的。

诸葛亮得知张郃西来，忙派出自己的爱将马谡前去扼守要地街亭（今甘肃天水市秦安县东北）。这里得介绍一下马谡其人。马谡是个饱读兵书的人，与诸葛亮的个人关系极好，他们常一起谈论兵法直至深夜，诸葛亮也常常叹服他的出众见解。征孟获时的"攻心为上"，就是他出的主意。但是他有一个夸夸其谈的坏毛病，蜀主刘备曾提醒诸葛亮，说"马谡言过其实，不可大用"，但没有引起诸葛亮足够的警觉。这次北伐，有一些很有能力的老将随行，可诸葛亮偏偏选了年轻的马谡为前锋，怕有闪失，又选了谨慎小心的王平为马谡的副将。临行时诸葛亮一再叮咛，马谡信誓旦旦，还立了军令状。

马谡自以为熟读兵书，到了街亭后，弃城不守，舍水上山，副将王平力劝，他就是不听。张郃看准了这一点，围而不攻，断水待机。不久，蜀军因缺水而饥渴难耐，不战自乱。这时张郃带兵出击，蜀军狼狈出逃。就这样，军事要地街亭失守了。街亭一失守，蜀军就失去了进攻的据点和有利的地形，整个战略格局被打乱，只得后撤，原先已经到手的陇西三郡也不得不放弃。第一次北伐以失败而告终。

回到汉中以后，诸葛亮对这次北伐进行了总结，以违反军令造成重大损失的大罪，处马谡以死刑，这就是三国历史上著名的"挥泪斩马谡"的故事。马谡的副将王平因没有规劝住马谡也受到了处罚，马谡的另一位副将、《三国志》一书作者陈寿的父亲也因此受刑。诸葛亮因用人不当而"自贬三等"。

之后蜀军又多次在诸葛亮率领下北伐，也取得了一定的胜利。比如，在建兴七年（229）的北伐战争中，攻克了武都（今甘肃陇南市成县西北）、阴平（今甘肃陇南市文县西）两郡。在建兴八年（230）的北伐中，蜀国的军队基本上顶住了司马懿的进攻，魏延还在阳谿（一说今甘肃定西市渭源县东北，一说今甘肃天水市武山县西南）大败魏国雍州刺史郭淮。在建兴九年（231）的北伐中，魏国大将张郃在追赶蜀军时，被蜀国所制造的强弩射杀。张郃之死，对魏国来说是军事上的重大损失。建兴十二年（234），诸葛亮最后一次北伐，规模很大，双方对峙一百余天，对魏国的震动也是很大的。

诸葛亮治蜀以及多年的北伐，是不能简单地以成败论英雄的。现当代的史家，已开始研究诸葛亮在思想文化上留给我们民族的遗产。

诸葛一生唯谨慎

诸葛一生唯谨慎，这是后人对他最中肯的评价。

诸葛亮亲自制定了《汉科》作为一国的法度。陈寿在《三国志》中说他："科教严明，赏罚必信。无恶不惩，无善不显。至于吏不容奸（当官的不敢作恶），人怀自厉（人人都积极向善），道不拾遗，强不侵弱，风化肃然"；"开诚心，布公道……邦域之内，咸畏而爱之。刑政虽峻而无怨者，以其用心平而劝戒明也"。在那样困难的条件下，诸葛亮花那么大气力致力于反对官吏的腐败，整肃社会风化，这是值得后人永远记取的。

诸葛亮以治军严明著称。为了打造一支能打胜仗的军队，他花费了大量的精力。他的军队纪律严明，对百姓秋毫无犯。在三国这个大乱世，这样受民众赞扬和爱戴的军队可能是独一无二的。他创造的八阵图，奥妙异常。八阵图是古代用兵的一种阵法，《三国志·蜀书·诸葛亮传》说："（亮）推演兵法，作八阵图。"《晋书·桓温传》载："初，诸葛亮造八阵图于鱼复（地名）平沙之上，垒石为八行，行相去二丈。温见之，谓'此常山蛇势也'。文武皆莫能识之。"这种兵阵起自远古，自诸葛亮后，亦常有人布此阵而取胜。唐杜甫有《八阵图》诗，称"功盖三分国，名成八阵图"，认为诸葛亮能垂名千古，与他的八阵图是分不开的。

诸葛亮在改进武器、提高军队战斗力上是下了大功夫的。据说，他发明了一种新式的连弩，名叫"元戎"。这种弩箭用铁制成，长八寸，一次能发出十支箭，甚至更多，令人防不胜防。魏国的大将张郃就是被这种箭射死的。这种箭被称为"神弩"，是当时最先进的武器。史书上说："亮性长于巧思，损益连弩。"

在诸葛亮"六出祁山"的过程中，至少有三次是因为粮草不足而退军的，即所谓的"粮尽而返"。这是诸葛亮发明木牛流马的动因。据说，"木牛"是一种人力的独轮车，有一脚四足。所谓"一脚"就是一个车轮，所谓"四足"就是固定在车轮前后左右的四根矮木柱，这样"木牛"停下的时候就不会侧翻了。每辆木牛能载一人一年所吃的粮食，可见载重应在一百五十公斤上下。"木牛"一天能行几十里，只要不是太崎岖的山路都能行走。"流马"是经过改良的木牛，有"前后四脚"，就是人力驱动的四轮车。它的行速与木牛差不多，因为有四个轮子，它保持平衡的能力和载重量都要大得多。诸葛亮发明的木牛流马，有人说失传了，其实后世民间使用的独轮车和四轮车就是它的传承，只是诸葛亮取了一个别致的名字罢了。据史书记载，木牛流马发明于战争过程中。木牛发明于建兴九年（231），流马的发明要稍晚一点，只知道建兴十二年（234）"亮悉大众由斜谷出，以流马运"。可能流马发明后，木牛就基本上不再使用了。

诸葛亮在治理蜀国的过程中，表现了他对"修身、齐家、治国、平天下"等儒家思想的融会贯通，逐渐形成了"德主刑辅"、仁政与德治并举的治国理念。他认为礼制是构建社会秩序之需，对儒家的"道之以德，齐之以礼，有耻且格"（《论语·为政》）心领神会并有所发展。他说："吾今威之以法，法行则知恩，限之以爵，爵加则知荣；恩荣并济，上下有节，为治之要"。他主张法礼并用，所制《汉科》，源于管子"劝之以庆赏，振之以刑罚"，而引申为"赏以兴功，罚以禁奸"，执法肃然，赏罚有信。

乐舞陶俑（三国·蜀，重庆忠县涂井乡出土）。"乐者，天地之和也。"（《乐记·乐论》）诸葛亮治蜀以乐礼求和谐与秩序。

诸葛亮的难能可贵处还在于，他是个节俭的人，以身作则的人，为自己的国家"鞠躬尽瘁、死而后已"的人。当最后病重不能自持时，他发出这样的遗命："葬汉中定军山，因山为坟，冢足容棺，敛以时服，不须器物。"他的家产也是十分有限的，在

诸葛亮墓

将要离世的时候，他开出了这样一张家私清单："成都有桑八百株，薄田十五顷，子弟衣食，自有余饶。至于臣在外任，无别调度，随身衣食，悉仰于官，不别治生，以长尺寸。若臣死之日，不使内有余帛，外有赢财。"（《三国志·蜀书·诸葛亮传》）他只活到五十四岁，死在征途上。在三国历史上，像如此清廉自律的政治家很难找到第二人，在中国古代史上，他也是少有的为国为民贡献一生的典范性人物。中国人民永远记住了诸葛亮这个名字，并把他视为民族智慧的化身，并不是偶然的。

第四章 孙权经营东吴

灵活的外交方略

东吴的孙氏一族,与三国中的其他两家——曹氏家族和刘氏家族——的家族背景是很不相同的。曹氏家族属于大宦官之家,在东汉末的王朝统治集团中据有特殊的地位,而刘氏家族据说是汉景帝之子中山靖王之后,属于皇亲国戚,因此刘备被称为"皇叔"。而孙氏历世只是"富阳小吏",可以说没有多大的政治靠山和政治背景。孙氏一族的优势在于与社会下层比较接近,以孙坚为例,"年十七,与父共载船至钱唐",从此,闯荡江湖,与海贼、失意者、起事者有较多的接触。这样的社会地位,决定了他日后在处理外部以至外交事务时比较灵活、圆通、务实。

中平元年(189),黄巾军起,汉王朝遣车骑将军皇甫嵩、中郎将朱儁将兵镇压。孙坚一看这是个机会,就投到了朱儁门下。在攻打宛城的战斗中,"坚身当一面,登城先入,众乃蚁附,遂大破之"(《三国志·吴书·孙破虏讨逆传》)。孙坚由于英勇善战,被拜为别部司马。奋力攻下长沙后,他晋升为长沙太守。"汉朝录前后功,封坚乌程侯",这也可以说是孙氏家族步入政治舞台的第一幕。

灵帝死后,董卓专擅朝政,在一片讨董声中,引发了牧守混战,群雄割据。在各派势力中,孙坚选中了袁术,袁术也赞许他的英勇善战。襄阳一战,孙坚战死,长子孙策继续委身于袁术。袁术看到孙氏是江东人,就让他回江东发展。这正合了孙策的心意。兴平二年(195),孙策受命渡江作战,不久在江东建立了根据地,兵二万,马千匹,算是一股不小的地方势力了。但总的看来,当时孙氏羽翼未丰。孙策还是巴结袁术,袁术也对他有好感,以至于会说出这样的话来:"使术有子如孙郎,死复何恨!"(《三国志·吴书·孙破虏讨逆传》)袁术把孙策当儿子看待,可见两者的关系非同一般。

可是,过不多久袁术称帝,孙策马上就与袁术决裂,并且发表了严正的决裂声明。所谓"时袁术僭号,策以书责而绝之"。在群雄中他看好曹操,于是就加入了曹操集团。投桃报李,曹操就让汉献帝给了他讨逆将军的名号,封为吴侯。这样,孙氏在吴地有了合法的地位。当时曹操把主要的精力放在对付强大的对手袁绍上,"策并江东,曹公力未能逞,且欲抚之。乃以弟女配策小弟匡"。这样一来,曹操与孙氏家族攀上了儿女亲家。这对曹操来说是一种策略,而对孙氏家族来说也是求之不得的大好事。

既然如此,在曹操和袁绍的对垒中,孙氏理应站在曹操一边,可出乎人们意料的是,"建安五年(200),曹公与袁绍相拒于官渡,策阴欲袭许,迎汉帝"。孙策是另有一番打算的,他想以江东为基地发展自己的势力。只是还未实现抱负,他便遇刺身亡了。

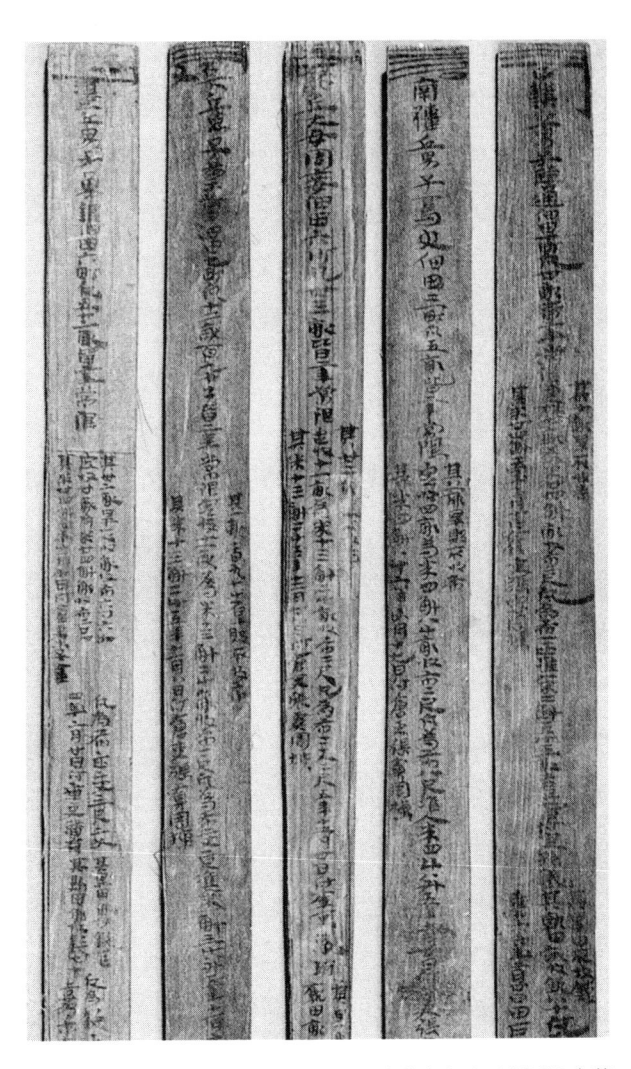

长沙走马楼三国吴纪年简牍。仅在第22号古井内发现三国孙吴纪年简牍就达数十万枚。经初步研究，断定为孙吴嘉禾元年至六年（232—237）长沙郡的部分档案。涉及了孙吴时期长沙的政治、经济、军事、文化、租税、户籍、司法、职官等，真实而详细地记录了当时人们的现实生活、社会交往和经济关系等情况。

曹操在击败了袁绍等势力后，实际上矛头所向就是江东的孙权和荆州的刘表、刘备了。曹操先是在建安五年（200）"表权为讨虏将军，领会稽太守，屯吴"（《三国志·吴书·吴主传》）。建安十三年（208），曹操趁刘表新死，迫降刘琮，派大兵压境，想要乘孙权与刘备准备不足聚而歼之。在当时的条件下，曹操"形势甚盛，诸议者皆望风畏惧"，在孙吴政权内部，"多劝权迎之"，也就是很多人劝孙权向曹操投降。这里的"迎"字，作投降解。可是，孙权显得镇定自若，与周瑜、鲁肃一起推行了联刘抗曹的政策，结果赤壁一战，大败曹军，"三国鼎立"的局面也由此形成了。

赤壁之战后，孙吴政权的外交更加灵活，也更加务实。总的大政方针当然是联蜀汉以抗曹魏，但时而会以联曹魏为重，时而又会以联蜀汉为主，时而模糊于联蜀与联魏之间，有时还会故意讨好曹操，劝曹操取汉帝而代之。而终极的目标是赢得孙吴政权的生存权。"吴在三国中，内部最不稳定，可是立国时间反比魏、汉长"[①]，这一问题的确值得讨论。孙吴政权立国时间长，固然与仅孙权一人统治时间就长达半个多世纪有关，与东吴地区大族的支持有关，但切不可忘记，它与孙吴政权在外交上的出色成绩也是分不开的。白寿彝主编的《中国通史》称孙氏能"审时度势，灵活处理与蜀、魏之间的关系"。这是符合历史实际的。

---

① 范文澜：《中国通史简编》修订本第二编，人民出版社1964年8月第4版，第213页。

建安二十五年（220），曹操亡故，曹丕取汉献帝而代之，是为魏文帝。黄初二年（221）十一月，曹丕策命孙权为吴王，以大将军使持节督交州，领荆州牧。同年，刘备亲率大军伐吴，孙权积极备战，同时遣都尉赵咨出使魏国。魏文帝问："吴王何等主也？"赵咨回答："聪明仁智，雄略之主也。"魏文帝要他讲得具体一点，赵咨就说："纳鲁肃于凡品，是其聪也；拔吕蒙于行陈，是其明也；获于禁而不害，是其仁也；取荆州而兵不血刃，是其智也；据三州虎视于天下，是其雄也；屈身于陛下，是其略也。"（《三国志·吴书·吴主传》）这些说法大致上是可以成立的。

开发江南经济

吴在江东立国，在对我国东南地区的开发方面，取得了显著的成就。

东汉以前，江南地区的经济是很落后的。当时的中央政府在北方，政治和经济的中心也都在北方。南方被认为是蛮荒之地，没有人肯花大本钱去开发。东吴是江南地区建立的第一个集权的政权，管理能力比起春秋战国时的吴、越、楚诸国要强得多，当然面临的压力也大得多。东吴面临的生死存亡的压力，后来变成了提升经济水平的巨大动力。

开发江南需要人力、农田水利、科学文化以及切实有效的社会生产组织形式等方面的条件。

当时吴地地广人稀，连年战争加剧了人荒现象。但是，随着东吴政权的建立，社会秩序渐次稳定，这样就吸引了大量北人的南迁，包括世家大族。在东吴定居下来的北方世家大族的代表人物，有宗族、部曲三百多口的临淮东城人鲁肃，有客百人的汝南细阳人吕范，有僮客八百的南阳人甘宁，以及出自庐江周氏的周瑜。他们虽然是外来户，但是很快就融入了东吴的统治核心，因此思想观念上已与当地的孙氏集团血脉相通了。他们原本处于社会上层，掌握先进的社会生产力和生产方式。与这些大族相伴南下的还有大量因战争而失去土地和家园的流民。建安十八年（213）江北的自耕小农不愿沦为屯田客，一次就流入东吴地区十余万户。这就为东吴地区形成了巨大的劳动力资源。

东吴发展生产的另一劳动力来源是所谓的"山越人"。他们实际上就是由于战争、犯罪、逃役等原因而遁入山林的越人。胡三省在《资治通鉴》的一条注中说："山越本亦越人，依阻山险，

青瓷釉下彩盘口壶（东吴，江苏南京雨花区长岗村出土）

青瓷熊灯（东吴，江苏南京清凉山出土）。底盘刻有铭文："甘露元年（265）五月造"。

青瓷狮形烛台（东吴，江苏南京江宁区东山街道上坊社区出土）

不纳王租，故曰山越。寇扰郡县，盖自此始。其后孙吴悉取其地，以民为兵，遂为王土。"（《资治通鉴》卷五六）在汉灵帝时已有山越造反并被剿灭的事，说明山越由来已久。东吴政权建立以后，为了与魏、蜀相抗衡，需要扩大兵源、税源和劳动力资源，这就有了大规模征讨山越之举。

东吴地区多河流湖泊，亦多高山和丘陵，经过汉末几十年的积累，所谓的"山越人"是很多的，从现有的资料看，至少有数十万人。东吴名将陆逊的起家就与山越有关，"会稽山贼大帅潘临，旧为所在毒害，历年不禽"（《三国志·吴书·陆逊传》）。这些长年盘踞在会稽山的山越人，后来被陆逊以"召兵"的形式招安了，成为他最初起事的一支队伍。鄱阳地区的

青瓷羊尊（东吴，江苏南京清凉山出土）

山越首领叫尤突，投降后被封了一个定威校尉的官，"军屯利浦"。再后来，陆逊又给孙权建议，对山越武装进行收编，"取其精锐"，扩大军队。当时丹阳的山越武装首领费栈已经接受曹操的印绶，并"扇动山越，为作内应"，于是，"权遣逊讨栈"，最终扫平江东三郡的山越，"强者为兵，羸者补户，得精卒数万人。"（《三国志·吴书·陆逊传》）这次获得的山越民众，单是"强"者就有数万人，加上"羸"者，估计得有十来万人吧！事实上，不管是被拉来当兵的，还是"补户"成为自耕农，或被派去屯田的，这些人都是重要的劳动力。

有了劳动力，还需要把他们很好地组织起来。建安初，孙氏仿曹操实行屯田制度，这种制度一直持续到了孙吴统治的结束。屯田的地区在今江苏境内的有溧阳、湖熟、于潮、江乘、赭圻城、毗陵、吴郡等地，在今浙江境内的有海昌、上虞等地，在今安徽境内的有新都、皖城等地，在今江西境内的有柴桑等，在今湖北境内的有夷陵、江陵、金城、白沙口、金女、大文、桃班、武昌、下灵山、厌里口、安乐浦、阳新、浔阳等。①

与屯田和垦荒配套的是水利建设。孙权在黄龙二年（230）筑东兴堤以遏巢湖，赤乌四年（241）凿东渠，阔五丈，深八尺，以泄玄武湖水，使它倾注到秦淮河中。赤乌八年（245），凿句容中道，同时开凿破冈渎，把秦淮河截断，使之与破冈渎贯通起来。赤乌十三年（250）"作堂邑涂塘以淹北道"。之后，还开凿了从云阳（今江苏丹阳）到长江的运道，这是后来江南运河的雏形。吴国维持的年月虽不算长，但在水利建设上还是颇有建树的。

吴国发达的水路交通，带动了造船业的发展。在建安郡的侯官（今福建福州）、南海郡的番禺（今广东广州）等地都设有当时规模很大的造船厂。据《三国志·吴书·孙皓传》裴松之注引《晋阳秋》的一段资料说，孙皓受降时被西晋接收去了"舟船五千余艘"，船只大小不一，大的船有上下五层，最大的可容乘客三千人。造船中心设有典船都尉，监督造船的质量。

---

① 陈连庆：《孙吴的屯田制》，《社会科学辑刊》1982年第6期。

为了开发江南、发展农业，孙权可说是做到了不遗余力。黄武五年（226），出现了"方外无事，其下州郡，有以宽息"（《三国志·吴书·吴主传》）相对平和的新形势。这年春天，孙权就发布政令，要求东吴上下抓住这个时机大力发展农业生产。正在这时，大将陆逊上奏道，现在全国最基本的问题是"所在少谷"——老百姓少谷，军队也少谷，为了改变这种状况，他提出军队"诸将增广农亩"，也就是利用难得的战争间隙投身到垦荒务农中去。孙权马上批准了这一建议。最为难能可贵的是，孙权说"今孤父子亲自受田"，学古圣人的样，"与众均等其劳"。一个君主，动员全家老小一起下田农耕，这对民众是多大的激励啊！

科学是农业发展的动力。东吴时期与农业有着密切关系的天文、地理、生物学方面也取得了相当的成就。吴人陈卓在天文星象研究上有很大突破，他构建成了有二百八十三官、一千四百六十四颗恒星组成的全天星官系统，并绘成圆形盖天式星图，成为后世制作星图浑象的标准。陈卓的全天星官系统沿用了一千多年，对农业生产的发展具有指导作用。东吴时期撰述各地州郡山川、四时节候、文物古迹、风俗物产的"地记"大量出现，对生产事业也有推动作用。陆玑著的《毛诗草木鸟兽虫鱼疏》分上下两卷，其中有着丰富的生物学方面的知识。上卷为植物，收录草本植物八十种，木本植物三十四种。下卷为动物，有鸟类二十三种，兽类九种，虫类二十种，鱼类十种。作者对动植物的形态、性状、属类做了辨识，可以看作是社会生产发展的经验总结。

在上述种种条件的推动下，江南经济在东吴时期有了不小的进步和发展。农田普遍得到了恢复，还出现了围滩涂造田的景象。永兴地区（今浙江杭州市萧山区）还出现了精耕细作的稻田，据说一亩可产米三斛。一斛也称一石，按三国时期的衡制，一石等于四钧，一钧等于十五公斤。那么，永兴地区的一亩田可产大米一百八十公斤了，这个产量在一千多年前当然算是很高的了。

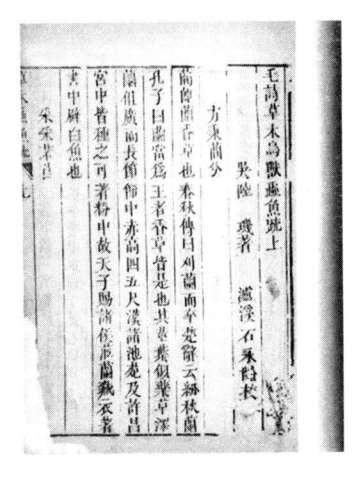

《毛诗草木鸟兽虫鱼疏》书影

吴的丝织业也有了不小的发展，民间普遍喜欢绫绮之服，一些文人好以蚕织为诗赋的题材，这是现实生活的生动反映。南方民间主要的副业生产是绩麻，麻布的产量要比丝织品大得多。除了民间的家庭纺织业，还有政府官办的纺织机构。随着农业生产的发展，冶铁业也有一定程度的发展。产铁之郡都设有冶令或冶丞，管理采铸事项。东南沿海一带产盐，煮盐手工业在沿海一带也发展起来。政府在海盐（今浙江平湖东南）、沙中（今江苏常熟西北）设有食盐产销的管理机构。

对岭南的开拓

何谓"岭南"？就是指我国的五岭（越城岭、都庞岭、萌渚岭、骑田岭、大庾岭五座大山）以南的大片疆土，大致包括现今的广东、广西等地。从当时的情况看，北方的经济比江南发达，江南的经济比岭南发达，岭南长期处于较为落后的境地。但是，这里要指出的是，三国时期东吴对岭南进行了一定程度的开拓，在某些方面已经有了突破性的长进和发展。

岭南地区与祖国大陆的其他部分山水相连，很早就有了往来和联系。在我国的古文献《尚书·尧典》中，就有"申命羲叔，宅南交"的记载，蔡沈注："南交，南方交趾之地。"这句话的意思是，帝尧一再命令掌管天地四时的官吏羲叔要到岭南的交趾之地去建立基地。《墨子·节用》和《韩非子·十过》都说到过"尧治天下，南抚交趾"。尧是传说中的人物，这些传说反映了远古时代的人们对中原地区与岭南地区联系的依稀记忆。

在《史记·五帝本纪》中，有禹定九州、各地来贡，"至于荒服，南抚交趾"的记述。把交趾列在荒服中，说明其地十分遥远。《逸周书》中也讲到了向商朝进贡的方国中就有仓吾（苍梧）、南海等。这从一定意义上反映了夏、商、周三代时中原地区与岭南已经保持着良好的交往关系。

岭南地区在秦汉时期就与中央政府建立了实际的行政关系。秦始皇三十三年（前214），设桂林、象、南海三郡，这是史有明文的。桂林郡包括广西北部、东部和广东西部。象郡包括贵州南部、广东西南部、广西南部和西部。南海郡包括今天广东除去西南部的大部分地区，郡治在番禺（今广东广州），下设四县。当时这里的经济文化确实大为落后于其他地区，中央政府的直接介入，对岭南的开发起了促进作用。

汉武帝在那里设立了交趾刺史，看到的景象是："山川长远，习俗不齐，言语同异，重译乃通，民如禽兽，长幼无别，椎结徒跣，贯头左衽……"当时管理者采取了十分务实的做法，"教其耕犁，使之冠履；为设媒官，始知聘娶；建立学校，导之经义"。（《三国志·吴书·薛综传》）这是西汉中期的情况，当政者采取的是一种既传播中原文明，又尊重当地民情风俗的做法。从汉初到三国四百多年间，基本上坚持了这种对岭南民众进行教化的方针。岭南的政治、经济、文化一直在不断发展。

三国时期，直接与岭南地区交往并建立行政管理机构的是东吴政权。东吴采取的一系列措施是既妥善又切实有效的。康僧会是三国时期的高僧。孙权为他建立江南第一所佛寺——建初寺，这是佛教在南方正式获得统治阶层的支持和信仰的开端。岭南古代属百越，自先秦开始，随着中央政权的军事戍边、中原居民的避乱南迁和高官士宦的贬谪，这里与中原产生了持续不断的交流。三国东吴以后佛教传入广州，据载，南北朝时由海路来广州的中外僧人很多。这些僧人兴建了广州最早的一批寺院。这里就东吴对岭南的开拓做一些具体的分析。

其一，强化管理机制。

事实上，随着形势的发展，岭南的管理机制一直在强化。汉

康僧会建业传法图（敦煌壁画）。图下方为孙皓跪迎康僧会，以表对佛教崇信的情景。

武帝时，将岭南划分为南海、苍梧、郁林、合浦、交趾、九真、日南、儋耳、珠崖九郡，统称交趾刺史部，交趾刺史部的治所设在苍梧广信（今广西梧州），作为常驻在岭南的监察机构。东汉末年，改刺史为州牧，直接掌握一州的军事、行政、民政大权，成为高于郡守的地方一级长官。岭南的行政机制随之产生了重大变革，政府将交趾刺史部改为交州刺史部。三国时，东吴势力深入岭南，实际上控制了岭南地区。建安二十二年（217）东吴建番禺（今广东广州）城郭，随之将交州州治从广信迁到了番禺。随后，又将交州分为两部分，一为广州，一为交州。广州辖有南海、苍梧、郁林、桂林、高凉、高兴六个郡，拥有今广东和广西的大部，州治在南海郡的番禺。交州则有合浦、珠崖、交趾、新兴、武平、九真、九德、日南八个郡，拥有今雷州半岛、广西南部、越南北部和中部等地，州治在交趾郡的龙编（今越南河内东）。这样，岭南地区政治、经济、文化的中心移到了东吴建造的番禺城及其附近，有利于岭南文明程度的提升。

其二，委派得力官吏。

东吴委派到岭南负责监察管理事务的官吏都比较有才气，也比较务实，因此受到了当地民众的拥戴。建安十五年（210）孙权以步骘为交州刺史，以两万精兵征服了岭南全境，使岭南地区真正归附于吴。步骘重建番禺城，新设广州建制，可说是强化岭南统治的妙招。被世人赞誉为"学识规纳，为吴良臣"的薛综，据《三国志》中其本传记载，"少依族人避地交州，从刘熙学"，说明他虽然不是岭南人，但是在岭南长期居住、学习。后来，又应召当上了五官中郎将，被授职为合浦、交趾太守。在任职和去职后，都对岭南的管理提出过许多好建议。

其三，提升文化实力。

岭南与中原其他地区的差异，说到底还是文化实力上的差异。因此，有识见的人士主张治岭南不应该主要靠军事镇压，而是应该靠文化教养。这是完全正确的。早在西汉后期至东汉初，到岭南交趾、九真任太守的锡光、任延，就开始创办岭南首批学校，开岭南官府办学之先河。继之有东汉末刘熙、黄豪在广信办学，很受当地民众欢迎。三国时的会稽郡人、经学大师虞翻，是个有学问又孤高自傲的人，后来与孙权闹翻了，被贬官到了当时还是蛮荒之地的番禺。但他根本不当回事，"虽处罪放，而讲学不倦，门徒常数百人"（《三国志·吴书·虞翻传》）。他不只讲《春秋》大义，还讲《老子》《论语》《国语》，后来他将对经典的训注写成书，在岭南影响非常之大。虞翻开了岭南私人办学之风尚。这一时期办学中心在广信和番禺。凡是办学风气大盛的地方，社会生活也比较安定，社会风气也好。

外来人士的兴学，促进了岭南本土知识精英群体的形成。以广信籍的"三陈"（陈钦、陈元、陈坚卿）、"四士"（士燮、士壹、士䵋、士武四兄弟）为代表的一代名儒的出现，说明当时岭南地区已经有了属于自己地域的知识精英群体。他们研读的是《春秋左氏传》，可见当时形成的岭南雅文化是从中华传统文化中传承过来的。

随着社会文明程度的提高，岭南的生产事业也有了较大的发展。《水经注》卷三六《温水注》称："（交州）火耨耕艺，法与华同。名白田，种白谷，七

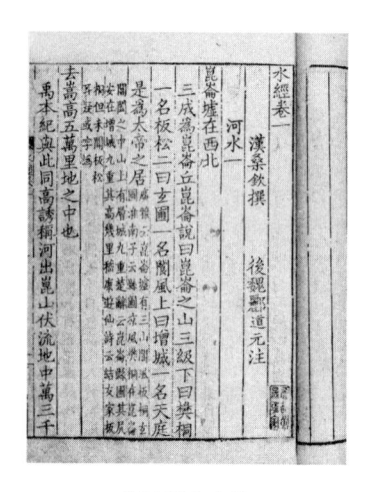

《水经注》书影

月火作，十月登熟。名赤田，种赤谷，十二月作，四月登熟。所谓两熟之稻也。"一年两熟的"双季稻"的普遍种植，是岭南经济有较大发展的一个重要标志。另外，桑蚕业也有了长足的发展，岭南人织出的高质量"八蚕之绵"行销各地。岭南的珍珠、香药、象牙、犀角、珊瑚、琉璃、孔雀等奇货宝物，也源源不断地来到了东吴各地，说明那里的商贸业也发展起来了。岭南原是地广人稀的处所，这时人口也多起来了，还出现了像番禺这样的大都会。

驶向宝岛台湾的万人船队

大陆政权与祖国宝岛台湾建立直接的、具有官方色彩的联系，并将这种联系载入史册，这是三国时期的吴国突出的政治、文化成就。

台湾，是祖国的宝岛。它自古以来与祖国大陆有着经济、文化等多方面的密切联系，而三国时期东吴的万人船队赴台湾，无疑是大陆与台湾交往的一个大事件。自此以后，台湾与大陆之间在经济、文化等方面的联系日益密切了起来。

台湾在古代被称为夷洲（或作"州"）。据《太平御览》卷七八〇引《临海水土志》称："夷州在临海东南，去郡二千里，土地无雪霜，华木不死。四面是山，众山夷所居。"此时，高山族已到了原始社会的末期，内部分成若干部落，"各号为王，分

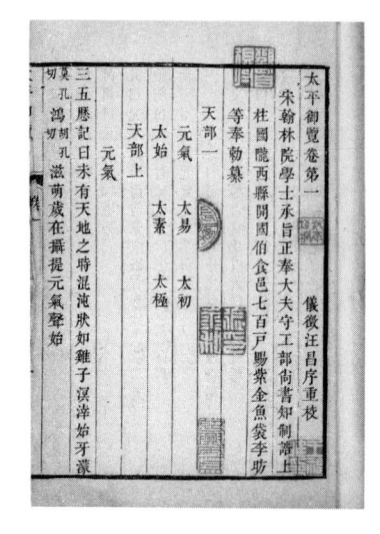

《太平御览》书影

划土地人民,各自别异。"他们进入了农耕时期,"土地饶沃,既生五谷,又多鱼肉。"

据史家推断,至晚到秦汉时已有大陆人来到过夷洲这个地方。

秦始皇曾派徐福带童男童女入海寻找仙岛,最后落脚在哪里始终是个谜。有说是到了日本的,也有说不是的。既然能到日本,为何到不了台湾呢?连横在《台湾通史》中写道:"秦时男女或有往来台湾者,未可知也。……楚灭越,越之子孙迁于闽,流落海上,或居于澎湖。是澎湖之与中国(指大陆——引者注)通也已久。"①

在《后汉书》中,还有一段很有价值的记载:"会稽海外有东鳀人,分为二十余国。又有夷洲及澶洲。传言秦始皇遣方士徐福将童男女数千人入海,求蓬莱神仙不得,徐福畏诛不敢还,遂止此洲,世世相承,有数万家。人民时至会稽市。会稽东冶县人有入海行遭风,流移至澶洲者。所在绝远,不可往来。"(《后汉书·东夷列传》)如果这段记述属实,那么说明不只东汉时有人去过夷洲,夷洲人也有可能到过大陆。希望将来能发现这方面的

---

① 连横:《台湾通史》,商务印书馆1996年版,第1—2页。

具体而翔实的资料。

东吴时派员去夷洲则是见于史乘的,那是大规模的、政府领衔实施的行为。虽然语焉不详,但已是弥足珍贵。

这次大规模的远行发生在东吴的黄龙二年(230),也就是孙权称帝的第二年。他派这么一支万人军队远行夷洲,也许是在称帝以后想有所作为吧,也许是想与夷洲人示好吧!史书上是这样记述的:

> (孙权)遣将军卫温、诸葛直将甲士万人浮海求夷洲及亶洲。亶洲在海中……其上人民,时有至会稽货布。会稽东县人海行,亦有遭风流移至亶洲者。(夷洲)所在绝远,卒不可得至,但得夷洲数千人还。(《三国志·吴书·吴主传》)

这段文字告诉人们,这次出海远行,孙权是把它当作一件大事处理的,不然不会派出两位将军率军出行。从行文中有"货布"这样的字眼,可以看出其意在于商业交往、友好交流。结果夷洲是找到了,并把岛上的数千人带回了东吴。从这个事实看,他们可能是登上了岛的。但是亶洲却没有找到。有人说亶洲是日本,其实好像不是。因为从上述文字看,夷洲"绝远",而亶洲与会稽交往频频,属于不太远的一个地方。既然《三国志》把亶洲与夷洲说成是相距很远很远的,那亶洲就不会是日本了。

总之,这是一件大好事,王仲荦先生说:"这可以说是大陆上汉族人民利用先进的文化知识开发台湾的开始。从此之后，台湾和大陆在经济、文化等方面的联系逐渐密切了起来，这个宝岛也就成为我国不可分割的领土的一部分。"[1]

相对而言，在三国中，北方的魏国发展得最好。魏景元四年（263），魏分三路大举伐蜀。"蜀中无大将"，后主派姜维抵抗了一阵，最后举国投降了。魏国灭蜀后，本准备稍事整顿后马上灭吴。可是，想不到咸熙二年（265）晋王司马昭死了，其子司马炎受禅称帝。这样灭吴的事放下来了。这一放就是十五年。吴国的最后一个统治者是孙权的孙子孙皓。他十分荒淫暴虐，根本不顾祖宗家业，也不顾百姓死活，吴国上下离心。晋咸宁五年（279）冬，司马氏大举伐吴。吴国不堪一击，第二年就投降了。孙吴灭亡后，三国鼎立的局面结束了，天下重归于统一。

---

[1] 王仲荦：《魏晋南北朝史》，上海人民出版社2003年版，第95页。

第五章

西晋的短暂统一

司马氏代魏为晋

在魏晋时期,司马懿称得上是个显赫人物,而且是影响了那个时代进程和走向的人物。这除了其个人的才气,也与他的名门望族身份有很大的关系。

按照《晋书》的说法,司马懿的远祖"出自帝高阳之子重黎,为夏官祝融",在唐、虞、夏、商时"世序其职"。周代的时候,以夏官为司马,这大概是负责战争和田猎的最高军事长官。周宣王的时候,程伯休父"克平徐方"而被"锡以官族",准其世世以"司马"为氏。在楚汉战争时期,司马卬是赵国的大将,曾被项羽立为殷王,都于河内。司马卬后八世,生征西将

魏文帝曹丕像

司马懿像

军司马钧，司马钧生豫章太守司马量，司马量生颍川太守司马儁，司马儁又生京兆尹司马防，司马懿就是司马防的次子。从这份家族履历看，司马家族是中国历史上为数不多的世族大家，也就是通常说的士族。这个大家族的横空出世意味着什么，也就不言自明了。

在东汉末的大乱世中，司马懿一度委身于曹操门下。曹操出身于宦官之家，门第低下，与司马氏是根本不能比的。曹操是个能人，兼有治理国家和社会的才能，但司马懿出于高门大族的本能，还是看不起他，"不欲屈节曹氏"（《晋书·宣帝纪》）。曹操当然也看出了这一点，一面对他施压，不让他掌管要务，另一面多次要他出来当官，使他受自己的节制和差遣。被逼急了，司马懿就装病，说是得了严重的风痹病，一点也动弹不得。曹操就派人夜间秘密去察看情况。可是，司马懿装得实在像，"坚卧不动"。后来，曹操当了丞相，召司马懿到丞相府担任一个叫作文学掾的属官，还跟司马懿打了个招呼："若复盘桓，便收之。"这是很明确的警告：如你再不识相，我就要把你收监下狱了。司马懿是个聪明人，知道曹操是个敢说敢为的人，也就答应出山了。

从现有的资料看，被迫出山后的司马懿对曹操的建言不算多，而曹操对司马懿的建言是有选择地认可的。比如，关于经济方面的建言，曹操认可的多。司马懿说的"灭贼之要，在于积谷"，曹操马上照办了，这也是后来他在淮北实行屯田积谷的动因。而关于政治的建言，他则大多不予吸取。在对待吴、蜀问题上，司马懿出过不少主意，大部分被曹操否决了，曹操就是不让他在政治上拿主意。曹操在位的时候，司马懿带兵打过一些仗，但官位一直不高。曹操把他压着。讨张鲁，取汉中，打孙权，都按曹操的规程办，司马懿拿出的方案，曹操常明确批示："不从"，"不可从"！司马懿是有心机的，苦苦地忍着，并积累着属于自己的势力。

东汉延康元年（曹魏黄初元年，220），这是一个变故的分界年份。

这一年，雄才大略的曹操病死。

这一年，东汉王朝正式灭亡。

这一年，"魏受汉禅"，曹操的儿子曹丕取汉帝而代之，建立了魏国，史称魏文帝。

这一年，司马懿终于正式登上了历史舞台，按照他的意向来改变这个世界了。因为他与曹操关系不太好，但与曹丕的关系还算不错，尤其与曹丕手下的那些僚属关系颇为密切。

这一年，曹丕最信得过的臣子陈群适时地提出了"九品官人法"，要改变曹操的用人路线和执政方略，建立士人政权，让世家大族掌控政权。这表面上是陈群的主意，实际上是司马懿的主意。据史书记载，当时，司马懿与陈群、吴质、朱铄为"朝中四友"，长久以来，"每与大谋，辄有奇策，为太子所信重"（《晋书·宣帝纪》)。可见，太子曹丕与以司马懿为首的"四友"情投意合，观念完全一致，只是曹操当时还蒙在鼓里罢了！曹操一死，他们就马上冒了出来。

曹丕即位后，司马懿的地位步步高升。由尚书、督军、御史中丞，进而为抚军将军，加给事中录尚书事。这当然不仅是司马懿一个人的事，他正在积聚力量，力求更快地实现世族豪门的专政。而与豪门相对的曹氏势力也不甘示弱，他们暂时还握有相当的实权。黄初七年（226）夏五月，魏文帝去世，明帝继位。"及天子疾笃，帝（司马懿）与曹真、陈群等见于崇华殿之南堂，并受顾命辅政。诏太子曰：'有间此三公者，慎勿疑之。'"（《晋书·宣帝纪》）这个安排看起来是三驾马车，实际上还是以司马懿为代表的世家大族和反士族的曹氏之间的力量角逐，陈群可能是居其中，两边都讨好。

魏国到魏明帝时就衰落了。魏明帝大造宫殿苑囿，掠夺民女占为己有，淫侈无度，国库空竭，百姓怨苦。随着曹真、曹休这些掌军事实权的曹姓将领的死去，司马懿的地位更加突出。景初二年（238），司马懿讨平长期割据辽东的公孙渊，其威望就更高了。

景初三年（239），魏明帝死，继位的是只有八岁的曹芳。明帝死前，以曹爽为大将军，假节钺，都督中外诸军事，录尚书事，与太尉司马懿受诏共辅少主。在以后的十年中，曹爽与司马懿之间的矛盾一步步升级。综观双方，司马懿比较主动，而曹爽整天考虑的是权力，不干实事。他奏请少主罢去司马懿太尉之职，只给他一个虚职太傅。而司马懿则比较老于世故，在政治斗争中游刃有余，他做的那些实事是深得民心的。"魏明帝好修宫室，制度靡丽，百姓苦之"，明帝死后，司马懿把宫中万余役者遣散，雕玩之物封存，"节用务农，天下欣赖"（《晋书·宣帝纪》）。他还奏请开凿广漕渠，引河水入汴，并在淮南淮北屯田。在外敌入侵时，他不顾年迈领兵征战。

从景初三年（239）明帝死，到嘉平元年（249），整整十年，其实司马懿都在做准备，准备着给敌对势力曹爽以致命的一击。嘉平元年的正月，齐王芳到离洛阳九十里的明帝陵去祭祀，曹爽及文武百官陪行。这时，司马懿发动政变，他奏请皇太后，废黜"谋反"的曹爽兄弟，结果曹爽被杀，诛三族。从此政归司马氏，魏国事实上已经灭亡了。

嘉平三年（251）司马懿去世。其子司马师为抚军大将军，录尚书事，主持朝政。嘉平六年（254），司马师杀中书令李丰、太常夏侯玄、光禄大夫张缉。凡是亲于曹魏的人都在杀戮之列。不

青瓷兔形水盂（西晋，江苏苏州市虎丘区狮子山西晋墓出土）

青瓷熊尊（西晋，江苏南京市江宁区秣陵关出土）

久，司马师废黜齐王芳，另立曹丕的孙子曹髦为帝，改元正元。司马师死后，他的弟弟司马昭代为大将军，录尚书事。司马昭又杀征东大将军诸葛诞。至此，中央和地方的曹魏势力大都已被翦除了。

曹髦当然只是傀儡皇帝。"司马昭之心，路人皆知"，当曹髦长大一点后想要反抗时，就被司马昭杀死了。之后司马氏又立曹奂为帝。咸熙二年（265）司马昭的儿子司马炎轻而易举地用逼迫曹奂禅让的方式取代了魏，建立了晋。到了晋代，历史进入了短暂的统一期。

西晋建国初的繁荣

魏甘露五年（260），司马昭杀魏帝曹髦，司马氏集团的势力愈加强大了，在魏国的地位也愈加巩固了。而当时三国中的另外两国愈来愈衰弱。司马昭明白，统一全国的时机到来了。

在三国中，蜀汉最弱小，因此，司马昭决定先取蜀汉。曹魏景元四年（263），司马昭派钟会率兵十余万进攻汉中，又派邓艾率兵三万余牵制驻在沓中（今甘肃舟曲西北）的姜维军。姜维军看大事不妙，退守剑阁（今四川剑阁东北）。这样，邓艾就乘势凿山开路，攻入成都平原。蜀汉后主几乎没有抵抗，就投降了。司马昭灭蜀汉，用兵还不到三个月。这一过程证实了司马昭在事先说的"取蜀如指掌"的预言。

有趣的是，后主刘禅投降后，举家东迁到洛阳，成了"安乐县公"。司马氏在生活上对他优厚以待，司马昭宴请他的时候，在席间安排演出蜀地杂技，别人都感到悲怆，只有刘禅喜笑自若。司马昭问他："颇思蜀否？"刘禅回答道："此间乐，不思蜀。"（《三国志·蜀书·后主传》裴松之注引《汉晋春秋》）这就是"乐不思蜀"这一典故的出处。

晋武帝司马炎像

司马昭本准备过后即灭吴。想不到他自己在咸熙二年（265）的八月因积劳成疾而去世了，他只活到了五十五岁。

司马昭死后，他的长子司马炎在当月就继承了晋王之位，并当起了魏国的相国。这时，一切国事都由司马氏说了算，朝中的大小官员实际上形同虚设。到十一月的时候，太保郑冲上了一道魏帝禅位于晋王的策书。他说，现在"晋德既洽，四海宅心"，还是"钦顺天命"，禅位于晋王吧！郑冲一提出，百官全都附议。司马炎礼让了一番，也就当起皇帝来了。他就是晋武帝。这事发生在魏灭蜀汉后两年。

晋国建立起来了，但全国还没有完全统一。太康元年（280），晋武帝发兵二十余万，分六路攻吴。吴国民众受够了战乱之苦，不肯为腐败的东吴统治者卖命。灭吴像灭蜀一样，只花了三个月时间，吴主孙皓就投降了。这时全国复归统一了。

晋武帝在位凡二十五年，总体来说比较平稳安定。由于采取了一系列有利于国计民生的切实措施，这个时期的农业、手工业相当发达，所制铁器有锄、斧、凿、釜等农业和手工业及生活用具，还有各种兵器。地主庄园内也多冶铸铁器。吴地是青瓷器的主要产地，所产瓷器多饰以莲花纹，光泽度也在不断提高。由于瓷器的大量生产，部分陶器、金属器和漆器，已为瓷器所代替。太康年间（280—289）成为相当繁荣的"升平世"。晋武帝的建国方略大致上有如下数项。

罢州郡兵。州郡兵的发展起于镇压黄巾起义之时，之后愈演愈烈。州郡兵不仅容易成为地方割据的凭借，而且它还大大加重了民众的负担。灭吴后南北统一，晋武帝便解除州郡官的兵权。兵役一直是汉末以来农民最沉重的负担，三国的兵员与人口数不成比例。"悉去州郡兵"的诏令一出，使农民除去了地方兵役之苦，可以有更多的时间从事生产活动，有利于社会生产事业的发展。

罢屯田。在三国时期普遍实行的屯田制，由于豪强大族的兼并，以

青釉四系带盖双鸟盂
（西晋，江苏南京西岗出土）

耕种图砖画（魏晋时期，甘肃嘉峪关新城1号墓出土）。此图右上方有朱书"耕种"二字。

采桑图砖画（魏晋时期，甘肃嘉峪关新城5号墓出土）。此图表明河西地区不仅是"丝绸之路"必经之地，也是蚕桑种植之地。

牧马图砖画（魏晋时期，甘肃嘉峪关新城5号墓出土）。此图牧马人为少数民族，表明河西地区在魏晋时期就是多民族聚居生活的地方。

及在管理体制上的军事组织形式，存在剥削过重的弊端，耕地农民得不到实利，屯田客实际上沦为终身服兵役的半农半兵的特殊农民。这显然有悖于民众的意愿，屯田制已逐渐地趋于崩坏了。管理屯田的典农官都是武职，久而久之，不仅鱼肉百姓成性，还雄霸一方。而世家大族经常会强霸屯田土地，比如何晏等大族就一度"共分割洛阳、野王典农部桑田数百顷，及坏汤沐地以为产业"（《三国志·魏书·曹爽传》）。因不堪重负，而从屯田上逃逸的农民比比皆是。晋武帝即位前后，两次下令罢屯田制。"罢屯田官以均政役，诸典农（校尉）皆为太守，都尉皆为令长。"（《三国志·魏书·三少帝纪·陈留王奂》）罢屯田令的实施，农民得以解放，而且那些典农官也得到了妥善安排，实在是皆大欢喜的事。

实施占田法。平吴以后，天下已经统一，把民众人为地分为自耕农和屯田客的屯田制也取消了，于是西晋王朝就开始实施起"占田法"来，使全体农户成了一家一户的个体小农。对占田的"占"字，学者有多种解释，其实简而言之，就是在国家指导下让农民比较均衡地占有一定的土地，并承担一定的义务。"男子一人占田七十亩，女子三十亩。其外，丁男课田五十亩，丁女二十亩，次丁男半之，女则不课。"为了严格起见，规定了丁男、丁女等的年龄界限，"男女年十六已上至六十为正丁，十五已下至十三、六十一已上至六十五为次丁，十二已下六十六已上为老小，不事"（《晋书·食货志》）。

我国传统社会很早就有"一夫一妇受田百亩"的土地制度理想，而占田制使在战乱中失去土地的农民重新有了土地，使屯田客得到了一定程度的解放,"男占田七十,女占田三十",不正是"户占田百亩"理想的体现吗?汉末三国时期的屯田制规定,屯田农民与国家分成,要么官六民四(使用官牛者),要么官民对分(使用私牛者),而如今规定上缴一定田赋后,其余的收成都是自己的了,这有利于提高农民的积极性。土地是农民的命根,现在通过实行占田制让农民"占"有了土地以后,那种小农的自豪感本身就是一种生产力。

占田课田制度究竟实行了没有,或实行到何种程度,现在说不太清楚了,史书上也说得模模糊糊。好直言谏诤的齐王司马攸在太康年间说:"计今地有余羡,而不农者众,加附业之人复有虚假。"又说,"今宜严敕州郡,检诸虚诈害农之事,督实南亩,上下同奉所务。"(《晋书·司马攸传》)史书上称司马攸是太康年间"总统军事,抚宁内外"的关键人物,他说的当不是假话。当然,下面的人不完全按占田制的规范去做,也不一定是坏事。占田制规定的一夫一妇占田百亩、课田七十亩,这只是个下限。上限是多少呢?没有说,这等于说人们可以随意去垦荒。正如司马攸说的,

青瓷神兽尊(西晋,江苏宜兴周墓墩出土)

褐斑青瓷钵
（西晋，江苏南京西岗果木场出土）

越窑鸡首壶
（东晋，广东省博物馆藏）

"今地有余羡"，有人去垦荒总比让它抛荒在那里好吧！笔者倒同意这一种说法："占田制课田制，只是一种意在督促农户加辟耕地的赋税制……是有利于生产的。"[①]

在推行占田制和其他一系列有利于发展生产、安定民生的措施后，晋太康年间一度出现了繁荣景象。"是时，天下无事，赋税平均，人咸安其业而乐其事"（《晋书·食货志》），其时"牛羊被野，余粮栖亩，行旅草舍，外间不闭，民相遇者如亲"（干宝《晋纪总论》）。这恐怕是说过了头，但从中也可见其时生产的发展和民生的改善。

人口的增加是社会发展稳定的一个标志。据记载，太康元年（280）西晋有"户二百四十五万九千八百四十，口一千六百一十六万三千八百六十三"（《晋书·地理志》）。占田

---

① 范文澜：《中国通史简编》修订本第二编，人民出版社1964年8月第4版，第273页。

制实行后的第三年（283），西晋领"户有三百七十七万"（《三国志·魏书·陈群传》裴松之注引《晋太康三年地记》），一下多出了一百三十多万户，增加了二分之一强。虽说记述可能有夸大与溢美之处，但人口大大增多是有根据的。

然而，即使在太康年间，世家大族的土地、财产、特权，也始终没人敢触动，这与晋皇室本身的士族身份是分不开的。

"上品无寒门，下品无势族"

在晋代，社会生活中被认为最重要的是"品"。何为"品"？很多人以为是人的品格、品行，即所谓"人品"。其实不是这样的。这里说的"品"指的是人的家庭出身与社会地位，包括家族的社会地位。

炊事揉面图砖画（魏晋，甘肃嘉峪关新城三号墓）

曹操当年为了获取天下英才而用之，提出"或不仁不孝而有治国用兵之术"者皆可用之。这种提升虽有利于广罗人才，但显然是有偏颇的。曹操一死，曹丕的心腹陈群马上提出了"九品官人法"，一下把这个"品"字提了出来。讲"品"是与曹操的"不仁不孝"式的不讲"品"对着干的。但是，陈群与司马懿的家族都是世代豪族，他们心中的"品"，与一般人心目中的"品"并不相同。在他们看来，谁的祖宗地位高，谁的家族门庭贵，谁就有"品"。这"品"字，起初的时候也许与人的品德有点关系，后来就单看门第不讲其他了。那些所谓的"中正官"本身出自高门，他们的眼睛当然更是看上不看下了。

晋武帝时代有个著名的直臣，叫刘毅。有一次，晋武帝与刘毅一起在南郊玩。晋武帝一时兴起，突然向刘毅发问："你看看

持刀陶俑（西晋）。庄园中从事军事活动的部曲，地位虽比奴隶高，但仍属依附民。

青瓷女跪俑（魏晋时期）。女仆下跪，这反映出庄园奴婢地位之低下。

我与汉代的哪一个皇帝比较相似？"在旁的群臣都以为刘毅会说晋武帝与汉文帝或汉武帝相似，可是，他却出人意料地说："你与汉代的桓帝和灵帝差不多。"晋武帝看来还是相当大度的，笑着说："我的德行虽说比不上古圣人，但是，我消灭了吴国，统一了天下，说我像桓帝、灵帝，评价低了一些吧！"刘毅一本正经地回答："陛下，一点也不低。桓灵二帝卖官，钱入官库，而陛下卖官，钱财都到你和势族的私囊中去了。"大概晋武帝认为刘毅所说的符合实际情况，哈哈大笑，然后说道："桓灵之世，是听不到你这样耿直的话的，今有你这样的直臣，可见我与桓灵二帝还是有很大不同的。"《晋书·刘毅传》中这段对话生动地表现出了晋武帝一朝错综复杂的境况。

还是这个刘毅，不久又上疏向九品中正制开炮。他认为"魏立九品，权时之制"，是长久不了的。《晋书·刘毅传》记载道：

> 今之中正，不精才实，务依党利；不均称尺，务随爱憎。所欲与者，获虚以成誉；所欲下者，吹毛以求疵。高下逐强弱，是非由爱憎。随世兴衰，不顾才实。衰则削下，兴则扶上，一人之身，旬日异状。或以货赂自通，或以计协登进，附托者必达，守道者困悴。无报于身，必见割夺；有私于己，必得其欲。是以上品无寒门，下品无势族。暨时有之，皆曲有故。慢主罔时，实为乱源。

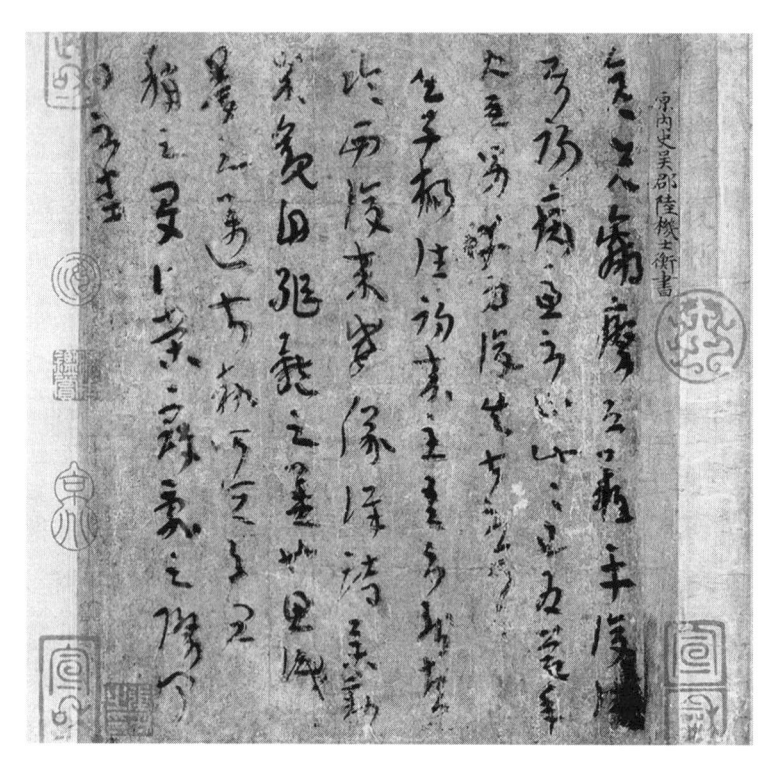

《平复帖》(西晋陆机书)。这是陆机写给朋友的信札,文中有"恐难平复",故称《平复帖》。此帖秃笔枯锋,是由隶体变草体过程中出现的"章草"。

在中国历史上,还没有其他人能将"九品中正制"批评得如此透彻。他指出以下几点。第一,所谓"九品中正制"完全是豪门的游戏。"高下逐强弱,是非由爱憎。"所谓的品级的"高下",都是由其地位、权势、财力、家世来决定的。至于由爱憎定是非,那实际上就没有是非。第二,负责评品的"中正"官,看起来道貌岸然,其实是"不精才实,务依党利",这样的人到头来当然必是不"中"不"正"了。第三,在评九品过程中,社会上充斥着各种丑恶现象——"货赂自通""计协登进",以致攀附权势、曲学阿世之徒飞黄腾达,而恪守道德之人却贫困愁苦。可以说,当时各种丑恶不公的社会现象,多是伴随着"九品中正制"而来。

青瓷耳杯、承盘、勺(西晋,江苏南京西岗出土)

刘毅用"上品无寒门,下品无势族"十字,清晰地描画出了西晋上流社会的面貌。

九品中正制起于魏,盛于晋。有晋一代,历经种种变革,但始终不敢去触动世家大族的利益。在古代社会,田地是老百姓的命根子。西晋实行占田制,不但没有剥夺豪门贵族占有的大量田地,相反把大族也列为占田分配对象。当时规定,高官显爵者按品位高下占有相当的土地。第一品可得占田五十顷,二品四十五顷,三品四十顷,四品三十五顷,五品三十顷,六品二十五顷,七品二十顷,八品十五顷,九品十顷。就是九品的人,也比普通百姓多占了十多倍。东晋社会是维护世族利益的,这一点是很清楚的。

东汉、三国以来,大族一直占有不少依附人口,但政府长期不予承认。到西晋时,第一次以法制的形式承认可以私家依附和庇荫人口,高官可按官品庇荫亲族,多者荫九族,少者及三世,免除这些人的租税和劳役负担。所以，无力自守的自由民往往投靠世家大族，成了他们的佃客和部曲，接受奴役。这些人户荫庇于世家大族，不属于政府的编户齐民，可不承担役调。此时的荫庇户对庄园主的依附关系，比前朝（如东汉）有更大的发展，这也反映出魏晋南北朝时期的时代特点。当时还规定，高官可以允许庇荫劳动人手，作为佃客和衣食客，一、二品不超五十户，三品不超十户，四品七户，五品五户，六品三户，七品二户，八、九品一户。这当然只是官样文章，实际情况要严重得多。对于一些高官，朝廷赐予的菜田、厨田、厨士还多得很，高官通过各种手段得到的土地也多得很。

贾后干政和八王之乱

　　司马懿出身于世家大族，他依靠世家大族的力量，夺取了曹魏政权，建立了晋。晋王朝的基础和支柱从来就是世族地主。

　　司马炎称帝后办的第一件事就是颁发"九品中正法"，也就是为世家大族的统治建立法制上的依据。司马炎生于司马氏这样一个累世高官的大家族中，习于安享荣华富贵。应该承认，他刚掌权的时候，还是有所作为的，采取了很多有益于国计民生的措施，也收到了一定的实效。然而，司马炎属于士族阶层的本性并没有变，他"怠于政术，耽于游宴"（《晋书·武帝纪》）。孙皓投降后，东吴后宫的五千粉黛尽数被司马炎收到了洛阳后宫之

宴饮图画像砖（魏晋）

中。西晋后宫的宫女多达万人以上。那么多美女，晚上司马炎不知住在何处为好，于是他就乘坐羊车，任由羊行向何处就宿于何处。一些希望得宠的宫妃就在自己宫门上插上竹叶，用盐汁洒在宫门前的地上，引诱皇上的羊车驾临。

　　上行下效，晋王朝快速腐化，吃喝享乐一时成了社会的风尚。司马氏政权的一些人的作为，实际上不是个人行为，而是士族集团的团体行为，可以说是"一腐俱腐，一败俱败"。他们追求享乐，还穿着奇装异服招摇过市，以乘六抬肩舆来张扬炫耀。太傅何曾每天花费在吃饭上的钱要超过万

六抬肩舆（初唐时绘）。此顶舆轿由六人抬。舆轿本是贵族的交通工具，魏晋时逐渐普及。

钱，还成天叹息："没什么可吃的，桌面上找不到可以下筷子的菜啊！"他的儿子比老子更"大方"，每天花两万多钱也感到无所谓。司马炎的舅父王恺同石崇比富，王恺用丝绫做成四十里的步障，石崇就用织绮做成五十里的步障。王恺拿出司马炎赐给他的二尺高的珊瑚，石崇把珊瑚打碎了，拿出六七个三尺多高的珊瑚任他挑选。两人还以用人乳喂猪、人乳煮肉等来比阔气，简直是无耻至极了。

鎏金画纹带神兽青铜镜（西晋，湖北鄂城出土）

一个士族集团腐败到此等地步，那是不可救药的了。后来的贾后干政、八王之乱，实际上展示的是与腐败相关联的残忍的一面。

事情是由立嗣风波引起的。太康年间，晋武帝司马炎已经在考虑立嗣的问题了。在一般情况下，皇帝传位给自己的儿子是没问题的。可是，司马炎的儿子司马衷却恰恰是一个近乎白痴的低能儿。当时流传着这样一个笑话：当有人告诉司马衷天下发生灾害，百姓无饭可吃时，他却冒出了这样一句话："他们为什么不吃肉粥呢？"（何不食肉糜？）

当时，很多人把目光转向了另一位年轻人——司马炎的亲弟弟司马攸。司马师由于无子嗣，当年把司马攸过继为子。事实上，在司马昭死后，司马攸是最有资格继承王位的，但他把王位给了

六博图画像砖（魏晋，嘉峪关新城魏晋墓3号墓前室南壁）。六博是西晋时十分流行的博戏。从画面中二人的动作来看，他们正在掷采下棋。

比自己年长十岁的兄长司马炎。现在既然司马炎的儿子不争气，把帝位还给司马攸也在情理之中。而且司马攸官声很好，精明能干，颇得人心。连博学多识的尚书张华也当着司马炎的面说："如论才干、德望和亲缘关系，没有比齐王（司马攸）更合适的人了。"司马炎听了这句话，当然很不高兴，立马把张华调出了朝廷。

司马炎觉得不把司马攸置于死地，自己的那个傻瓜儿子的继位就会成问题，于是，在太康三年（282）冬，他想把官居司空的司马攸从京城洛阳赶到青州去任都督，并限时赴任。当时司马攸正在病中，接到这样的圣旨，心中自是又气又急。太康四年（283）三月，司马炎看司马攸还是不走，便不讲兄弟情分，又一次催促司马攸赶紧去赴任。司马攸以自己有病在身为由，乞求宽限时日。司马炎就叫御医去查看真假。那些御医深知官场奥蕴，回复说司马攸并没有什么病。于是，司马炎又下了限时赴任的命令。在这种情况下，司马攸的病情一下加重了，结果呕血而亡。司马炎知道事情可能会闹大，想惩办几个御医来搪塞过去。但是，这么大的事怎么搪塞得过去呢？朝野上下许多人都为司马攸鸣不平，大乱的种子已经埋下。一旦司马炎死去，天下会乱成什么样呢？

司马炎由于长期纵情声色，在太康十年（289），五十四岁的他，身体已经完全垮掉。当年年底，司马炎病势转重，已经完全不能下床。这时，控制朝政的大臣是杨骏。杨骏是弘农大族，他和杨珧、杨济三兄弟被称为"三杨"，成为司马炎后期统治集团的骨干。杨骏又是司马炎皇后杨氏的父亲，根子很深。此时杨骏怕司马炎会重用与他分掌朝政的汝南王司马亮，于是就假借皇命把司马亮赶出京城，让他出镇许昌。司马炎在被杨骏严密控制的情况下，于太熙元年（290）四月死去，他的儿子司马衷继位，这就是晋惠帝。此时，复杂的权力斗争的大幕已经拉开。

晋惠帝永平元年（291）三月，凶残而多心计的贾后（惠帝皇后）联合楚王司马玮杀了杨骏一家，灭其三族，因株连而死的据说有数千人。史书上说："贾后凶悖，忌后之父骏执权，遂诬骏为乱，使楚王玮与东安王繇称诏诛骏。"（《晋书·武悼杨皇后传》）事后，贾后又以惠帝的名义命太宰司马亮与太保卫瓘共录尚书事，辅佐朝政，让楚王司马玮掌管京城的禁军。

贾后确实可以说是个大阴谋家，杨骏一家被诛灭不久，她就设计让楚王司马玮杀害了司马亮和卫瓘，转头却又以此为借口诛杀了司马玮，史书上说："六月，贾后矫诏使楚王玮杀太宰、汝南王亮，太保、菑阳公卫瓘。乙丑，以玮擅害亮、瓘，杀之。"（《晋书·惠帝纪》）在杀司马玮前，贾后还封他为守卫京城的北军中候。就这样，朝政完全落到了贾后手里。贾后以亲党贾模为散骑常侍加侍中，与随波逐流的清谈名士右仆射王戎并掌机要，贾后其他的亲党也大都身居要津。从惠帝元康元年（291）到元康九年（299）的近十年里，政局相对平稳，连司马光也评述道："虽暗主在上，而朝野安静，华等之功也。"（《资治通鉴》卷八二"元康元年"）"华"指张华，说张华这样的名士在这段时间里为贾后撑了门面，有一点道理。在世族势力兴风作浪的晋朝，家族势力并不显赫的张华站到政治的前台，倒给人一股清新之气，以"山不让尘，川不辞盈"的精神做了些实事，这在当时是不多见的。

总体而言，贾后的专政是不得人心的，尤其是杀害太子这件事更是不得人心。惠帝的太子司马遹是个聪明而有才气的人，长大以后明显有着自己的主张，他不是贾后所生，与贾后不合。贾后怕其继位后对自己不利，就来了个先下手为强。"（九年）十二月壬戌，废皇太子遹为庶人，及其三子幽于金墉城，杀太子母谢氏。"永康元年（300）三月，"贾后矫诏害庶人遹于许昌"。（《晋书·惠帝纪》）贾后为了一己之私，什么丧尽天良的事都能干得出来。

然而，贾后最得意的时候，也是她末日降临之时。永康元年的三月，她杀了已被废为庶人的太子遹，四月她自己却被送上了断头台。"梁王肜、赵王伦矫诏废贾后为庶人"，没几天，赵王伦又"矫诏害贾庶人于金墉城"（《晋书·惠帝纪》）。贾后的亲党

对书俑（随葬明器）。出土于长沙金盆岭9号墓，西晋永宁二年（302）的青瓷。俑头戴进贤冠，身着交领长袍，相对而坐。中间置书案，案上有笔、砚、简册及一件手提箱。塑造简朴，表现得相当逼真，这反映了古人校对书籍的具体形象。

也大都遭殃，或被杀，或被赶下台。可惜的是，司空张华、尚书仆射裴頠等贤臣也死于司马伦发动的这场政变。

杀贾后及其亲党以后，赵王司马伦就在洛阳把惠帝赶下台，自立为帝。司马伦为了拉拢人心，一下封了二三千人为侯。司马伦的诸种行径使得政局越发混乱，司马氏的其他成员纷纷起兵。齐王司马冏、河间王司马颙、成都王司马颖，各据一方，拥有强大兵力。齐王冏的父亲司马攸本来就有机会继承皇位，现在他也趁机出来讨要这个皇位了。司马冏联合河间王司马颙和成都王司马颖向洛阳进军，司马伦的军队不堪一击，很快被击败了。诛杀了司马伦后，司马冏迎惠帝复位，惠帝拜司马冏为大司马，辅佐朝政。

齐王司马冏辅政后，骄恣专横，擅杀朝臣，引起了广泛的不满。不久，司马冏与司马颙、司马颖之间又出现了矛盾，司马冏被杀。后来又加入了个东海王司马越，他号称"奉帝诏"征司马颖。司马颖则挟惠帝到邺城，最后又被迫返回洛阳。

惠帝永兴二年（305），东海王司马越以迎惠帝为名起兵征司马颙和司马颖。光熙元年（306），司马颙和司马颖在战乱中死去，朝政大权最终落到了东海王司马越手中。就在这一年，四十八岁的惠帝中毒身死，作为一名智力障碍者，竟然当了足足十五年皇帝。惠帝的皇太弟司马炽即位，是为晋怀帝。

　　从汝南王司马亮辅政，到东海王司马越操纵朝政，前后十多年的时间里，司马家族的八个王参加了混战，争夺皇位，其中还有相当长一段时间的贾后专政，这就是西晋历史上的"八王之乱"时期。经历了这么长时间的战乱，中原的百姓内心充满了恐惧和痛苦，受尽煎熬困苦，于是不少民众希望通过迁徙摆脱欺凌和痛苦。他们中有的是皇族豪门，有的是平民百姓，这些人与故土渐行渐远。这是一番怎样的景象？由于天灾和战乱，他们在混乱中拖家带口来到一片陌生的荒蛮之地，寻找一生或者几代人的安宁之所。这些迁徙者在异地他乡为客，这就是后世所谓的"客家人"的最初来源。他们远离了北方的经济、政治、文化中心，向北回望本宗族曾经拥有的辉煌伟业，保留着中原地区的文化传统，吃苦耐劳、艰苦奋斗、拼搏开拓、不断进取，形成了"耕读传家"的传统。有专家认为，不少客家人保留着晋代的文化，客家话也带着西晋时期的语音。此说是有道理的。

流民南下的狂潮

　　流民，顾名思义就是流离失所、背井离乡之民。中国社会的主体是过着定居生活的农户,因此取的基本方略也往往是:"禁迁徙,止流民。"(《管子·四时》)但是,流民作为某一历史时段的社会产物,它的生成有其深层的时代背景,因此要想"止"是止不住的,只有因势利导才是万全之策。

西晋时期,全国性的大规模的流民潮,主要兴起于贾后专政和"八王之乱"的时候。司马氏八王争夺皇位,各地方势力也乘时而起,战斗规模不断扩大,战场从洛阳、长安延展到黄河南北的广大地区。一些将领为了私利,还引鲜卑、匈奴、乌桓等少数民族参战。经过战火的多次摧残,繁华的长安城变得残破不堪。到晋怀帝被俘时,"长安城中,户不盈百,墙宇颓毁,蒿棘成林,朝廷无车马章服,唯桑版署号而已"(《晋书·愍帝纪》)。战乱让偌大的长安城成了一座"户不盈百"的空城,这简直是不能想

骑马仪仗俑(西晋,湖南长沙金盆岭出土)　　陶骑马俑(北魏,河北景县封氏墓出土)

灰陶牛车（西晋，河南博物院藏）

象的。那么数十万人到哪里去了呢？答案是明白的，除了战争中死亡的，大部分成了流民。连年的天灾更为流民的大量产生创造了条件。当时全国的流民数已经难以统计了，有史料说："关西扰乱，频岁大饥，百姓乃流移就谷，相与入汉川者数万家"，"（汉中）流人十余万口"（《晋书·李特载记》）。

北人南下的狂潮，据学者统计，从司马睿移镇江东到南朝宋统治的约一百五十年间，前后有七个时期，南下的人众集中在荆、扬、梁、益四州。由于年代久远，以及行政区划的多变，具体的地域已不太能讲清了。荆州大致上指今湖北、湖南二省，还有河南、贵州、广东、广西的一部分。扬州大致上指今江西、浙江、福建三省和江苏、安徽一部分，还包括湖北、河南的部分地区。益州和梁州主要是指今四川和重庆，还包括陕西、贵州部分地区。可见，当时流民的分布差不多遍及我国南方、东南沿海、西南腹地的广大地区。据谭其骧教授统计，一百多年间北方南迁人口当在北方诸州总人口的八分之一到六分之一之间，也就是北方六七个人中就有一人背井离乡了。

对待流民，实际上是有两种截然不同的态度的。当时流民"流入"汉中以后，在朝廷有不同意见的情况下，御史李苾就"持节慰劳，且监察之"。他向朝廷上了一表，提出："流人十余万口，非汉中一郡所能振赡，东下荆州，水湍迅险，又无舟船。蜀有仓储，人复丰稔，宜令就食。"朝廷认为他的建议切实可行，就"散在益、梁，不可禁止"。永康元年（300）的时候，益州刺史赵廞也做出了惊人之举，"乃倾仓廪，振施流人"（《晋书·李特载记》）。虽然有人说他这样做是为了"收众心"，为了"谋叛"，但就事论事，这样做是得人心的，也是符合人道精神的。

流民的另一种形式是各少数民族的内迁。少数民族内迁后，与汉族之间有相互融合的一面，也有相互摩擦的一面，有时甚至会兵戎相见，这是不奇怪的。永兴元年（304），匈奴人刘渊在左国城（今山西离石北）即汉王位。他说："夫帝王岂有常哉……吾又汉氏之甥，约为兄弟，兄亡弟绍，不亦可乎？且可称汉，追尊后主，以怀人望。"（《晋书·刘元海载记》）

晋怀帝永嘉三年（309），匈奴人刘渊派其子刘聪两度进攻洛阳。永嘉五年（311）五月，洛阳被攻陷，怀帝被掳到了平阳。不久，晋人立愍帝于长安，那时长安城已经破落不堪了。五年后，即建兴四年（316），刘聪遣刘曜攻长安，愍帝出降。西晋王朝灭亡了。

第六章 偏安东南的东晋王朝

司马睿南下建东晋政权

东晋王朝的创立者司马睿出身于司马氏皇室，但在皇室中属于疏属。他的祖父是司马懿的庶出之子，在政治上根本排不上号。他最重要的封号是琅邪王，封地在今山东临沂一带，在当时的统治者看来算不上中枢地区，是无足轻重的。但是，对司马睿一家来说这倒是特别重要。正是在琅邪郡，这个家族结识了日后成为东晋王朝台柱子的王姓大族。司马睿的父亲比他的祖父更平庸，一生没有任何可以记述的作为，唯一可说的是他继承了琅邪王的爵位。其父死的时候，司马睿十五岁，顺理成章地承袭琅邪王爵，这一年是太熙元年（290），晋武帝也死了，之后的十五年是西晋历史上最动乱的年月，几乎所有

晋元帝司马睿像

的司马氏藩王都登台表现了,可是正当盛年(十五岁到三十岁)的司马睿却选择了沉默。

此时的司马睿无兵无权,为了避免杀身之祸,他采取了谦恭退让的方略,尽量不卷入八王之乱的旋涡之中。他深居简出,交友不多,最谈得来的是在京为官的琅邪王姓大族中人王导。王导是有政治头脑的,同意他不介入"八王之乱"的方略,多次劝他离开京都回到封国琅邪郡去。虽然司马睿同意这样做,但苦于找不到机会。

永兴元年(304),"八王之乱"进入了又一个高潮期。东海王司马越挟持晋惠帝亲征邺城的司马颖,号召四方人士一起来参与讨伐。东海郡与琅邪郡紧连在一起,因此司马睿了解司马越的为人,毅然加入了他的征讨队伍。虽然战事一度失利,两人各自回到封国,但经此事,两人成了莫逆之交。

永兴二年(305),东海王司马越整顿队伍复出,并逐渐击败其他藩王。第二年,晋惠帝死,怀帝立,大权完全落入了东海王司马越的手中。这时的司马睿已经进入而立之年,两人相约要利用掌控在自己手中的历史舞台大干一番。在很大程度上,司马睿只能借重于东海王司马越的权威。正是这

王导像

一年，三方势力的组合开始形成：东海王司马越负责前方战事，控制政治中枢；司马睿为平东将军，镇守下邳（治今江苏睢宁县与邳州市交界处），为司马越看守大后方；而司马睿则让王导做司马，"军谋密策"皆由王导规划。

司马越与司马睿之间有着很多的共同利益，在反对司马颖的过程中还有过军事合作，而琅邪王氏也很早就参与到司马越的军事行动中。永嘉四年（310），时任太傅的司马越在征讨苟晞时，就曾让出自琅邪王氏的王衍以太尉的身份担任自己的太傅军司。三方合力，经过一段曲折的历程后，开创了东晋王朝。[①]

永嘉元年（307），大权在握的司马越改任司马睿为安东将军，都督扬州江南诸军事，负责镇守建邺（今江苏南京）。在王导的建议下，司马睿迅即由下邳移镇建邺。都督扬州，这个极为重要的任命，使他比一般的北人至少提早十来年介入江南事务。移镇建邺，它的重要性怎么估价也不为高。何兹全先生指出："司马睿就从建业（邺）起家，开创了东晋帝业。"[②]在司马睿移镇建邺这一年，王衍请求以其弟王澄为荆州都督，族弟王敦为青州刺史，这些举动说明他们已经在为南迁做准备。

---

① 田余庆在《论东晋门阀政治》中说："决心过江的士族，就其多数而言，都是八王之乱后期东海王越与成都王颖对峙时属于东海王越阵营的名士。可以说越府聚集的名士，构成了以后江左门阀士族的基础。"（见王元化主编《释中国》卷三）可见，司马越对东晋政治的影响不仅在于他掌权时期，还在于他们下那批南迁到江左的士人。
② 白寿彝总主编，何兹全分册主编：《中国通史·第5卷·中古时代·三国两晋南北朝时期》（修订本）上册，上海人民出版社2004年版，第203页。

这年的九月，司马睿来到了建邺。当时没有出现热烈欢迎的局面，相反显得有点冷清。史书上说："及徙镇建康，吴人不附，居月余，士庶莫有至者。"（《晋书·王导传》）过了一个多月，江南士族也不来看望他，说明了当时这些人的心态比较复杂，还在观望。他们虽然急切地希望有一个新的君主来保护他们的利益，但又拿不准司马睿集团有无这种威望和实力，更吃不准这些南下的北方士族是否会打击他们。

王导是有才华和政治识见的。面对这样的局面，他有条不紊地做了几件事：首先，他把财大气粗、敢作敢为的王敦请来共商大事，对他说："兄威风已振，宜有以匡济者。"意思很清楚，要他把江北南下士人团结起来，合力帮衬司马睿；其次，王导向司马睿面授机宜，要他"政务清静""克己励节"，意思是要把士族奢华的那一套收一收，要有个创业者的样子，这样才可以吸引更多的人。

有一次，王导到司马睿的住所去，见到司马睿正在喝酒。王导对他说："如果你想成就大业，就要把酒戒了。"司马睿想了想，又倒了一杯酒，说："让我再喝一杯吧！"仰起头，一饮而尽，把酒杯往桌上一扣，从此就戒了酒，以示要励精图治。王导还要司马睿做一件事，就是拉拢江南大族，他说："顾荣、贺循、纪瞻、周玘，皆南土之秀，愿尽优礼，则天下安矣！"（《晋书·王导传》）司马睿觉得非常正确，就照做了。司马睿曾无比感慨地对王导说："卿，吾之萧何也。"

王导这个司马睿的"萧何"，在寻找一个突破口。

永嘉二年（308）三月三日，建邺士庶照例要举行一年一度的

传东晋顾恺之《列女仁智图》(局部)

禊袚活动。在王导的精心安排下，司马睿乘坐着华丽的肩舆，由威风八面的仪仗队簇拥着出游观禊，王导、王敦等北方大族名士都骑着马跟在仪仗队后面作为扈从，毕恭毕敬。这气派大出江南士族的意料，他们开始相信司马睿的确是南渡北人心中的王者。这时，顾荣等江东名士急忙在道旁参拜。

接着，王导趁热打铁，马上代表司马睿前去专访顾荣等江南大族人士。顾荣等人经过一段时间的考量，觉得也只有司马睿可以当"皇上"。同时，司马睿也委顾荣等人以重任，让他们参与军政机要事务。很快，"吴会风靡，百姓归心。"(《晋书·王导传》)一个以南北士族为核心的江东政权形成了。

"王与马，共天下"

司马睿从永嘉元年（307）负责"镇守建邺"，到建武元年（317）

正式称帝建立东晋，一共用了十年的时间。按照王导的谋划，这期间名义上的晋帝（先怀帝，后愍帝）还存在，司马睿不便急于称帝，还是应该把精力放在经营江南上。

这十年司马睿把重心放在经营江南上，还是颇见成效的。这里，可以列出下面这样一份大事年表。

西晋怀帝永嘉三年（309），司马睿借重义兴大族周玘，将不听号令的建武将军钱璯击溃，去掉了心头一患。永嘉四年（310），匈奴人汉赵开国皇帝刘渊病死，其子刘聪杀兄自立为帝，准备大举进攻洛阳。而此时洛阳已经残破不堪，粮道阻断，城内发生饥荒，于是西晋辅政大臣司马越以晋怀帝的名义檄召全国勤王援京。司马睿也收到了檄文，虽然表示服从，却没有发一兵一卒，反而是在制服了周馥等地方势力后，把势力范围扩张到淮南一带。永嘉五年（311），控制西晋朝政的司马越忧惧病死，司马睿收编了其余部，进一步壮大自己。在司马越死后，司马睿被推为盟主。永嘉六年（312），司马睿打碎了石勒挥师南下的野心，保住了江南的安定。永嘉七年（313）二月，晋怀帝死，四月，晋愍帝立，改元"建兴"，改建邺为建康，任命司马睿为左丞相、大都督，但司马睿仍以"方平定江东，未暇北伐"为由，坚拒北上。同年，司马睿平定了江南大族周玘的兵变。建兴三年（315），司马睿兴兵弹压了流民起义。建兴四年（316），晋愍帝被迫出降于刘聪军，最后被杀。建兴五年（317）二月，弘农太守宋哲逃亡至建康，带来了愍帝投降前的遗诏，宣布让司马睿"统摄万机"，至此，司马睿称帝的条件成熟了。当时一百八十名北方将领联名劝进，司马睿登基称帝，史称晋元帝。

在登基仪式上，出现了十分滑稽可笑的一幕："及帝登尊号，百官陪列，（司马睿）命导升御床共坐"（《晋书·王导传》）。王导坚决拒绝，并以天下只能有一个太阳等说辞来推托。从此，就有了"王与马，共天下"的说法。司马睿为何要在此时此地出此奇招呢？史家有很多说法，其中有人认为："司马睿要王导同坐御床，表面上示以尊崇，实际上则在暗示他应该有所收敛。"①当然，这只是一家之言。

从一定意义上说，"王与马，共天下"一语反映的是当时政治生活的实情。琅邪王氏与司马氏都是高门大族，他们能团聚在一起组建政权，根本点在于都是世族。"共天下"的根基在于世族的共同要求和共同利益。他们在享尽荣华富贵上是有共同点的，在偏安江东重建晋王朝上是有共同点的，在打压江南世族势力的过分膨胀上是有共同点的，在卑视庶族乃至广大民众上也是有共同点的，尤其是在"四方贡献多入己府"（《晋书·王敦传》）这样的贪婪本性上，是完全共通的。"王与马，共天下"的东晋王朝是中国历史上少见的纯世家大族统治的中央政权。

同时，"王"与"马"两大世族之间又不可能永远"共天下"。说到底，司马睿政权是在琅邪王氏的一手操纵、一手扶持下建立起来的。没有琅邪王氏倾其全力的帮忙，像司马睿这样的

---

① 刘占召：《王羲之传》，东方出版社2009年版，第40页。

皇室疏属，在当时的大乱世背景下就什么都不是。正是因为这点，司马睿始终对王导怀着感激之情，还仿效当年秦王嬴政和吕不韦的典故，称王导为"仲父"。但是，司马睿站稳脚跟后，尤其是当琅邪王氏过分嚣张，影响到司马氏的尊严和利益时，司马

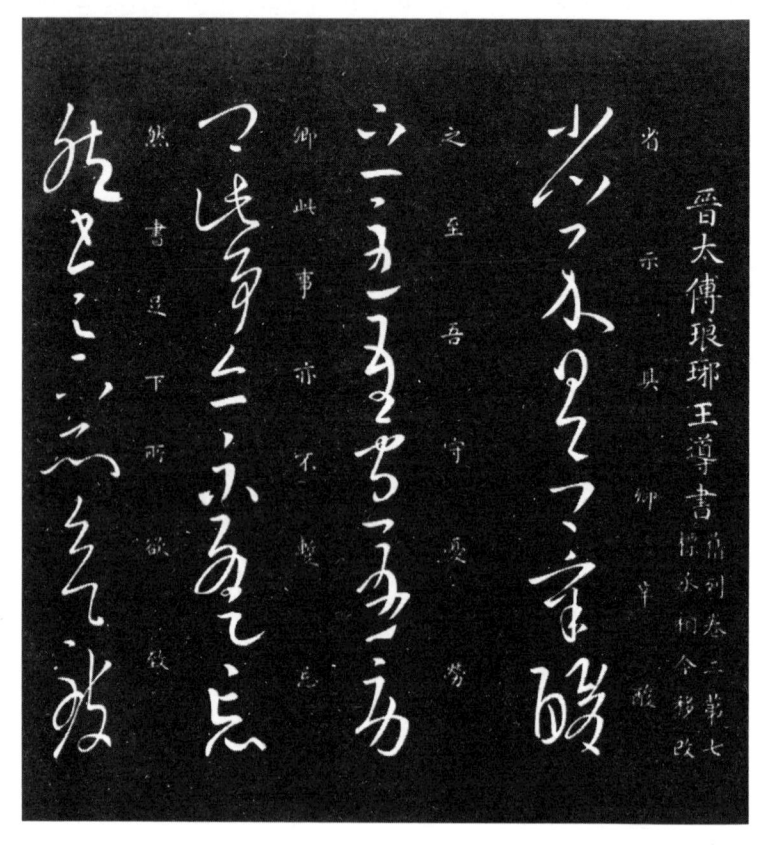

王导《省示帖》局部，1921年上海商务印书馆影印乾隆《钦定重刻淳化阁帖》本。王导十分热爱书法。他在东迁之时，把一张法帖缝入袖中，誓言"帖在人在，帖亡人亡"，足见其对书法之热爱。他常教诲家族中人要尊重书法，他的堂侄"书圣"王羲之，堂侄孙王献之，孙王珣、王珉，都是一代书法家。

睿对这种"主弱臣强"的局面就会有所不满,甚至反戈一击。"王敦之乱"就是司马睿与琅邪王氏矛盾激化的结果。

司马睿站稳脚跟后,对王导、王敦还是重用有加,造成了王导在京执领朝政、王敦在外专擅军权的格局。但是,司马睿又不甘于大权的完全旁落,因此他渐渐重用尚书令刁协和侍中刘隗,有事就与他们密商。而且司马睿与琅邪王氏在整顿吏治方面产生了极大的矛盾,随着矛盾升级,最后导致了王敦的兴兵作乱。

永昌元年(322),也就是晋元帝司马睿称帝的第六个年头,王敦以诛刘隗为名,从武昌起兵向建康进军。为了争取大族对他起兵的认同,王敦在开列刘隗的众多罪名中强化了"取奴为兵"这一条,并称身为宰辅的他不能看着刘隗误国,表示不杀刘隗决不休兵。与此同时,王敦的同党沈充也在吴兴起兵。

王敦起兵应该事先没有跟王导沟通好,这使王导很被动,他怕司马睿一怒之下杀了他全家。"王敦之反也,刘隗劝帝悉诛王氏,论者为之危心。导率群从昆

持盾武士俑(东晋陶俑)

弟子侄二十余人，每旦诣台待罪。"（《晋书·王导传》）司马睿不但不治王导的罪，还让他去当讨贼的前锋大都督，结果完全不顶用。王敦一路前行，打进了建康城，却不去触动皇帝司马睿，只是放纵士兵烧杀。司马睿以皇帝的身份派人向他传话，告诉他愿意让位："欲得我处，但当早道，我自还琅邪，何至困百姓如此！"（《晋书·王敦传》）但王敦不理会。后来，司马睿只得封王敦为丞相、江州牧，进爵武昌郡公，邑万户。王敦控制朝政后，把东晋王朝搞得乱七八糟，"改易百官及诸军镇，转徙黜免者以百数，或朝行暮改，惟意所欲。"（《资治通鉴》卷九二）王敦还曾一度把司马睿禁在宫中，不准动弹。从正月起兵，到十一月，王敦又还镇武昌，但临行时在建康设置了留府，作为他遥控朝廷的机构。他还在一些军事重镇安排了亲信和爪牙。

永昌元年闰十一月（323年1月），司马睿在极度痛苦中死去，他只活到四十七岁。司马睿死后，他的儿子司马绍嗣位，这就是晋明帝。晋明帝即位第二年，依靠其他大族的支持，打败了第二次企图起兵篡位的王敦，国家才稍稍平定了下来。继琅邪王氏之后，又先后有一些其他士族当政，左右着东晋政治。[①]

[①] 田余庆在《论东晋门阀政治》中说："东晋所见士族，其最高层即所谓门阀士族中的当权门户，以其执政先后言之，有琅邪王氏、颍川庾氏、谯国桓氏、陈郡谢氏、太原王氏五族。"（见王元化主编《释中国》卷三）

东晋的北伐

"永嘉之乱"后,以及东晋早期,过江南渡的北方民众,包括那些世居北方的世家大族,他们一般都有故乡之思,也有恢复国家统一之志,于是就有了多次轰轰烈烈的北伐之举。

第一次是祖逖北伐。

祖逖出生于一个有钱的大家族,很早就失去了父母。他小的时候很活泼,不拘小节,很有侠气,常散发一些谷物之类的东西给穷困的人,但不肯好好读书。稍大后,经族中父老教育,祖逖才开始发奋苦学,成了"博览书记,该涉古今"的人。

祖逖很喜欢交友,刘琨是他最要好的朋友。当时正值"八王之乱",忧国忧民的他曾对刘琨说:"如果天下大乱,我等年轻人当为国出力"。史书上有一段著名的记载:"中夜,闻荒鸡鸣,蹴琨觉曰:'此非恶声也。'因起舞。逖、琨并有英气,每语世事,或中宵起坐。"(《晋书·祖逖传》)这就是中国历史上著名的"闻鸡起舞"的故事。

永嘉五年(311),洛阳陷落,北方民众纷纷逃亡到南方,祖逖也被迫带着亲族宗党几百家南下。一路上他特别关心别人,被推为"行主"。队伍到泗口时,祖逖被司马睿任命为徐州刺史。他出身大族,在当时的社会环境下本可以苟安偷生,但他不愿,却主动向司马睿提出北伐。司马睿任命他为奋威将军、豫州刺史。他北上时只有两千人马,到北方后招兵买马,很快成了一支万人队伍。经一年多苦战,他攻占了北方重镇谯城(今河南夏邑

陶马（东晋，江苏南京出土）

北），在豫州站稳了脚跟。

祖逖在北方的根据地谯城实施且耕且战的策略，一度打败了羯族首领石虎的五万大军。祖逖不断扩大地盘，每攻下一地，就善待当地的父老乡亲，得到民众的拥戴。他苦战四年多，收复了黄河以南大片土地。太兴四年（321），正当他胜利进军时，传来了王敦与刘隗构隙，朝廷将有内乱的消息，他预知北伐事业难以成功，悲愤交加，发病而死。

祖逖之后，又有庾亮、庾翼兄弟的北伐。

庾氏兄弟出身于另一个大家族颍川庾氏，他们的妹妹就是晋明帝的明穆皇后。晋明帝死后，庾亮任中书令，"太后临朝，政事一决于亮"（《晋书·庾亮传》）。可是，他与王导、王敦不同，他并不迷恋安乐与政治大权，当时北方的石勒刚死，他就主动扛起北伐重任，并"有开复中原之谋"（《晋书·庾亮传》）。不意他带的队伍被石亮打得大败，他为此"自贬三等"，后忧病而死。庾亮去世后，他的弟弟庾翼继续坚持北伐。晋康帝时，庾翼数次上书北伐，可是朝中人大都反对，皇帝也不予支持。在朝廷不认同的情况下，他带着自己的四万大军北行。朝廷阻止不了他，便给了他一个"都督征讨军事"的头衔。庾翼"缮修军器，大佃积谷，欲图后举"（《晋书·庾翼传》）。不幸的是，在北上行军过程中，庾翼突发疾病而亡，去世时只有四十一岁。

庾亮、庾翼以后，又有桓温北伐。

庾翼与桓温是好朋友。庾翼曾当着晋成帝的面推荐桓温，说："桓温有英雄之才，愿陛下勿以常人遇之。"（《晋书·庾翼传》）庾翼死后，晋成帝以桓温为"都督荆梁四州诸军事"、安西将军、荆州刺史。这时，石虎在北，国势强大，而成汉（304—347）的君主李势却因杀伐无度，导致众叛亲离，国势衰弱。因此，桓温准备首先兵伐成汉。

陶女俑（东晋，江苏南京出土）

桓温出身北方世族谯国桓氏。东晋王朝建立后，桓氏家族与司马氏有着千丝万缕的联系。明帝时，桓温的父亲桓彝曾与明帝密谋如何平定王敦之乱。桓温成年后，娶明帝女南康长公主为妻，并担任琅邪内史，登上了仕途。永和元年（345），庾翼病故后，桓温升任安西将军、荆州刺史，持节都督荆、司、雍、益、梁、宁六州诸军事，坐镇荆州。

永和三年（347），桓温率军入蜀，大军到处，三战三捷，灭成汉国，平定蜀地。桓温驻军蜀地，让蜀地俊才为他所用，一时威名大振。永和五年（349），后赵主石虎病死，桓温上疏请求北伐。但朝廷不准，后多次上疏，都未被允许，主要原因是朝中有人作梗。永和八年（352），桓温的对头殷浩自领兵北伐，大败，丧兵数万。桓温上疏弹劾，将殷浩贬为庶人。自此，朝中内外大权全归于桓温。从永和十年（354）到海西公太和四年（369）的十五年间，桓温进行了三次北伐。

第一次北伐前秦，目的是直取长安。这次打得很顺利。永和十年（354）二月，桓温统步兵四万由江陵（今湖北荆州）出发，水陆并进，大败秦军。桓温军直至灞上（今西安东北）。时值五月，正是麦熟时节。秦王实行坚壁清野政策，使晋军无粮可食，只得退兵。

第二次北伐姚襄，以取洛阳。永和十二年（356）七月，桓温自江陵出发。只一个月，至伊水，大败姚襄，收复洛阳。

第三次北伐燕地。太和四年（369）桓温率步骑五万伐燕，由于内部不和，这次征伐不顺利，桓温军马死伤十分惨重。水运不通，军粮断绝，最后只能急速退军了。

桓温的三次北伐虽然都以失败告终，但在历史上还是有一定意义的。这三次北伐表达了南下北人的怀乡之情，促进了南北之间的交流。当北伐军出现在故乡人面前的时候，受到了热烈欢迎，令人鼓舞。这也间接表明，国家统一是南北民众共同的愿望。

淝水之战

在晋政权退出北方地区的前后，北方曾建立过几个少数民族政权。趁后赵崩溃之际，氐族首领苻健带领部队西归关中，于永和七年（351）在长安建立了前秦政权。前秦第三任君主苻坚（357—385在位）实行了许多善政，如兴修水利，发展农业，提倡汉文化，兴办教育，抑制豪强，强化王权，推行"圣君贤相"的治国之道。前秦建元六年（370）以后，苻坚陆续灭了前燕、前凉和代，还夺得了东晋的梁益二州，这样北方又出现了统一的局面。

正像东晋曾想通过北伐统一全国一样，前秦也想通过南征实现全国的统一。淝水之战前，前秦国主苻坚曾与他的大臣们讨论伐晋问题，得到的回答是一片的反对声。苻坚又与同母弟征南大将军苻融交谈。苻融的意见与众人大致相同："岁镇在斗牛，吴越之福，不可伐也。"说是他观察过星象了，天还不想亡东晋，不能逆天行事。

其实，苻融说的从天象可见"吴越之福"云云，是骗人的。实际情况是，当时东晋王朝当政的是出身于世家大族又在社会上享有美好声誉的谢安。谢安位居中书监、录尚书事，也就是所谓的宰相。他

谢安像

多谋善断，时人比之于东晋初的王导，而其"文雅过之"（《晋书·谢安传》）。他协调了晋统治阶层的种种关系，使当时的政局趋于稳定。他推荐自己的侄儿谢玄为兖州刺史，镇守广陵，都督江北军事。谢玄为了抵御前秦袭扰，在京口（今江苏镇江）组建了"北府兵"，它成为东晋后期最强劲的一支军队。要说"吴越之福"，有如此的名相良将，才是真正的福呢！

东晋太元八年（383），苻坚发兵九十万，水陆并进，企图一举灭东晋。谢安受命为征讨大都督，派自己的弟弟谢石、侄儿谢玄、儿子谢琰等率八万精兵拒敌，其主力就是训练有素的

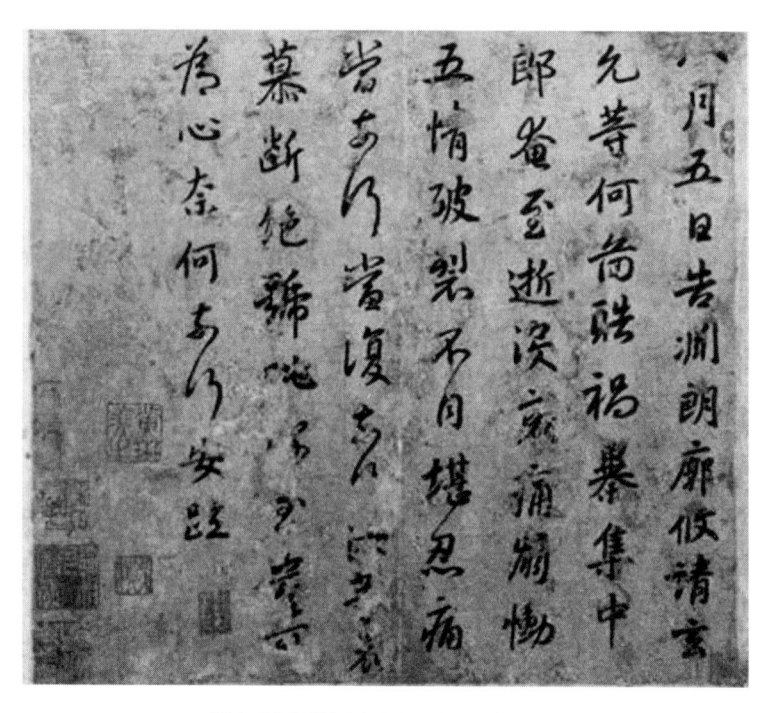

谢安《中郎帖》（南宋绍兴年间临摹作品）

"北府兵"。前秦大军压境，晋国京师为之震动。可是，作为国之柱石的谢安当晚还在与朋友张玄一起下棋，下完棋还一起到附近游览山水。当有人问是否要增补军队时，谢安的回答是："朝廷已有退敌之计，无须补充兵力。"显得十分从容和自信。十月，前秦军渡过淮水，攻陷寿阳（今安徽寿县）。苻融命大将梁成率大军五万进屯洛涧，截断淮水通路。谢玄大军自东而西推进，到达洛涧以东二十五里处停止前进。十一月，谢玄遣刘牢之率精兵五千人趋洛涧，与秦军梁成隔洛涧布阵以待。苻坚自以为有九十万大军，非常傲慢，根本没有把晋军放在眼里。不料，前锋部队同晋军首战便被打败，军心动摇，士兵惊恐万状。苻坚见状，慌了手脚，他和弟弟苻融去前线观察，苻坚在寿春城上望见晋军阵容严整，士气高昂，连晋军驻扎的八公山上的草木，也影影绰绰像是满山遍野的士兵呢！《晋书·苻坚载记》这样记载："坚与苻融登城而望王师，见部阵齐整，将士精锐，又北望八公山上草木，皆类人形。"这就是"草木皆兵"成语的出典。其实，草木不可能成兵，苻坚之所以会有这样的感觉，那是因为他对打赢这场战争缺乏信心。此时，苻坚回过头对弟弟说："这是多么强大的敌人啊！怎么能说晋军兵力不足呢？"他后悔自己过于轻敌了。

这时前秦的军队靠着淝水西岸布阵，晋军进到了淝水的东岸，与前秦军隔水相峙。晋军的主帅派人向对阵的主将说："你的军队远道而来，现在逼近淝水西岸布阵，这看来是想打持久战吧！如果你愿意，把阵脚稍稍往后移一移，让晋军渡过河来面对面与你布阵,这样速战速决,不是更痛快吗?"前秦的将领中有人说:"不要听他们的,我方人数多,一下冲过去把对方消灭算了。"这时,苻坚也已在军中,说:"这样吧,我们可以往后退,让他们渡河,渡到一半的时候我们马上出击,这样可获全胜。"苻融听了,连声叫好。

哪知道,前秦军一向后退,就一发而不可收拾,再加上有人在大叫大喊"向后退""向后退",整个队伍就乱了。这时晋军高举战旗快速渡河,向前秦的营地冲去。而前秦军中有人在呼叫:"秦军败了!""秦军败了!"这一叫喊,前秦的大部队都乱了,有的前行,有的后退,有的乱奔。苻融一看大势不好,就仓促上马进行指挥。哪知那匹马一下跌倒在地,苻融摔在地上,被乱军踩死了。苻融一死,军中失去了主帅,顿时不可收拾。晋军

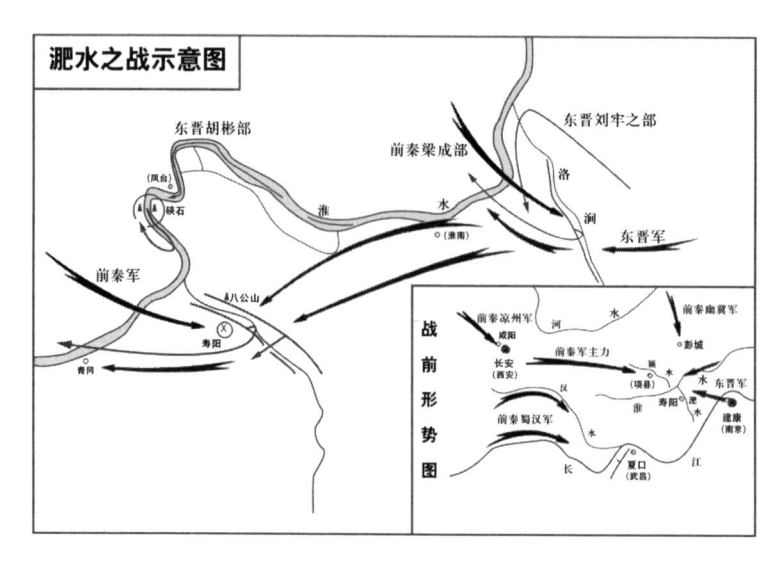

淝水之战示意图

则趁势追击，把秦军杀得丢弃了兵器和盔甲，尸横遍野，一片混乱。苻坚带领残部在大乱中冲出一条血路，直逃了三十余里才敢停下，前秦的军士死伤无数，"重以饥冻，死者十七八"。此一战苻坚自己受伤，弟弟苻融阵亡。那些侥幸逃脱晋军追击的士兵，一路上听到呼呼的风声和鹤的鸣叫声，都以为晋军又追来了，于是不顾白天黑夜，拼命地奔逃。这就是"风声鹤唳"（《晋书·苻坚载记》）典故的来源。

　　淝水之战中强大的前秦军的失败，再次证明了骄兵必败的道理。在出师之前，就有人对苻坚说："东晋有长江天险，我们很难逾越。而且东晋上下和睦，现在我们不宜动兵。"但他不

淝水古战场

听。后来又有人告诉他,在谢安治理下的晋军很有战斗力,尤其是新组建的"北府兵"不可轻视。苻坚却一脸骄傲地说:"虽有长江,其能固乎?以吾之众旅,投鞭于江,足断其流。"直到在兵败北逃途中,苻坚才潸然流涕道:"朕若用朝臣之言,岂见今日之事邪!当何面目复临天下乎!"(《晋书·苻坚载记》)这已是马后炮了,对苻坚来说后悔已没有实际价值了。

淝水战败以后,苻坚带着败军先是回到了洛阳,继而返回京城长安。九十万大军,回到北方的大约只有十万人。强大的前秦政权是靠军事力量支撑的,现在苻坚失去了军队,也就失去了在北方广大疆域内的控制力。一些地方势力应时而起,北方又一次陷入分裂状态。

东晋的衰亡

东晋王朝是与世家大族的统治相始终的。世家大族支撑起了这个脆弱的王朝,而这些世家大族之间的残酷争斗,又导致了这个王朝的覆灭。在东晋一百多年的历史进程中,王、庾、桓、谢等世族交替执政,他们之间愈演愈烈的杀戮,造成了民众的巨大苦难。

最早也是控制东晋朝政时间最长的是北方南下的琅邪王氏,其代表人物是王导和王敦。王导的治国方略是"镇之以静,群情自安"。这里说的"静"和"安",就是不要去触动和干预世家大族的掠夺行为,不要对他们的腐败行为说三道四。江南豪族的

墓主人生活图（东晋，新疆吐鲁番阿斯塔那古墓出土）

代表顾和说得更为彻底："宁使网漏吞舟"，而不要"采听风闻，以为察察之政"（《世说新语·规箴》）。这就是东晋的政治，为了维护世族豪门的统治，公然号召当政者不要对那些"吞舟"的大领地占有者、大国家资产吞并者、大贪污犯、大杀戮犯实行制裁，要放纵他们，以求得所谓的社会平稳发展。公然放纵上层大族犯罪，这在整个古代社会中也是少有的。王导晚年还振振有词地说："有人说我糊涂，将来有人会想念我的糊涂"。其实他一点也不糊涂，他是靠装糊涂来求得世家大族利益的最大化。世家大族这样做，牺牲的当然是民众的利益，当时的民众生活在怎样的环境中也就可想而知了。

晋成帝（326—342在位）时，大权落到了大世族庾亮、庾翼兄弟的手里。庾亮、庾翼兄弟一方面迎合民众的心愿，多次举兵北伐，虽然没有成功，但是在为实现国家统一而战这方面还是值得称道的。庾氏又与王导钩心斗角，一度将王导逐出京城。在后来的斗争中，王导卷土重来，庾氏势力被迫离开京师地区，在长江上游建立基地，庾亮、庾翼兄弟镇守武昌，据有了东晋江山的一半。为了扼制庾氏家族势力，当然也为了打击长期控制朝政的琅邪王氏，朝廷又一度有意去扶持桓氏势力。

桓温是个极有才干的政治家，他的三次北伐也是值得称道的。晋穆帝永和三年（347），作为荆州刺史的桓温率军平蜀，一举灭成汉国，威名大振，成为东晋王朝实际的掌权者。太和四年（369）桓温第三次北伐，由于种种原因，大败而归，他的实力和威望随之一落千丈，与他作对的世族乘机落井下石。后来没几年，桓温在郁郁寡欢中病逝。

桓温死后，谢安为相，执掌朝政。这是个对中国历史产生重大影响的人物。他主政后，做了几件大事。第一，比较完整地效法王导的保护世家大族的政策，并走得比王导更远。他不许搜索被豪强藏匿的流民，不准揭发豪强的贪污行为，纵容京官与地方官私通犯法。一次，豪强把国库中的一百万斛粮食盗去，他不准立案，最后把管仓库的小吏杀了来结案。一个世族官僚敛财达几千万，他说不要查。他的这种"镇之以和静"的方略在一段时间里对各股世族势力起了团聚的作用。第二，谢安重用他年轻有为的侄儿谢玄，让谢玄任兖州刺史。谢玄在京口成立的"北府兵"，成为东晋最强劲的武力，影响深远。后来消灭东晋的刘裕就出身于这支部队。第三，太元八年（383），面对前秦的九十万大军，谢安果断出击，在兵力悬殊的情况下，奇迹般地打败了前秦部队，取得了"淝水之战"的胜利。

谢安大胜而归，可是这个大世族把持的东晋王朝却越来越腐败了。晋孝武帝整天迷醉于声色之中，他重用的是同母弟会稽王司马道子。司马道子以一批奸人为爪牙，打击功高震主的谢安。太元十年（385），谢安病逝。司马道子一伙更加为所欲为了。司马道子当政十多年，百姓起而反抗，世族间争斗更烈。东晋王朝走到了末路。

孙恩领导的起义，给这个行将就木的王朝以重重的一击。战乱加上天灾，使不少地区出现了大饥荒。那些一直衣来伸手、饭来张口的大世族中，有不少人披着精制的罗衣，抱着心爱的金玉，关着大门饿死在家中。穷人在危急关头懂得自救，而这些人却连掘草根充饥的本领都没有。这是历史性的悲剧。

此时，出身于谯国桓氏的桓玄想出来收拾残局，元兴二年（403），他把晋安帝推翻了，自己做皇帝，国号楚。人们对长期的世族统治已经感到厌倦、失望，没有人听他的。这时，出身于寒族（下层）的一个有力人物刘裕站到了历史的前台。他率一千七百名北府精兵攻入建康。桓玄逃走了，皇帝当然也做不成了。刘裕恢复了晋安帝的皇帝名义。东晋元熙二年（420），刘裕废晋帝，建立了宋朝，后世称之为"刘宋"或"南朝宋"，延续了一百零四年的东晋王朝结束了。

第七章

十六国时代的纷争与融合

西、北边陲少数民族的内迁

战争、饥荒,以及不断发生的民变事件,引发了大规模的流民潮。在这股流民潮中,也夹裹着西、北边陲少数民族的内迁潮。正是这股少数民族的内迁潮,引发了西晋末到隋统一全国前二百七十多年间中国北域政治舞台的多变。

这些内迁的少数民族指的主要是匈奴、鲜卑、羯、氐、羌。

匈奴人的内迁。

东汉的光武帝曾经做出一个大胆的决定:使匈奴单于(首领)带领部分匈奴人入居西河郡美稷县(今山西吕梁市离石区东北)。这些匈奴人既可为汉守边,又可就地发展生产,与汉人杂处。后来南迁匈

月亮与西王母图(十六国·北凉,甘肃酒泉丁家闸5号墓前室西壁上方)。此图受到了中原地区为善升仙神话思想的影响。

奴人繁衍，曹操分匈奴人为五部，立呼韩邪子孙为部帅，魏时这些匈奴人改姓刘，刘姓成为匈奴族的贵姓。到晋武帝（266—290在位）时，累计内迁匈奴人已有数十万之多。

匈奴人在与汉人的长期杂处中不断汉化，他们不仅讲汉语，学习汉文化，甚至还改称汉姓名。匈奴人刘渊师事上党鸿儒崔游，习《易》《诗》《书》三经，后来还学习了《春秋》和孙、吴兵法，精读了《史记》等史书。他的儿子刘聪更是通经、史及诸子书，还擅长诗赋文章，精通书法。可见，当时匈奴上层一些人士的中华文化教养已经上升到与汉人士大夫并驾齐驱的水平。可是，他们所处的地位还很低下，这样就会有不平之气，只要时机成熟，他们可能就会闹事。

"白双且造"石佛塔（十六国·北凉，甘肃酒泉出土）

鲜卑人的内迁。

鲜卑人世居东北山林和蒙古草原，魏晋时期，宇文氏、慕容氏、拓跋氏在鲜卑各部族中崛起。晋武帝曾授予慕容氏首领以都督的称号。鲜卑人内迁后，与汉人通婚是常有的事。东晋明帝的生母就出自鲜卑慕容氏，因此明帝须发皆黄，完全是鲜卑人的样貌。汉人皇家与鲜卑女子通婚，这在民族关系史上是一件大事。

羯人的内迁。

羯人高鼻深目多须，据传是匈奴人与西域胡人等融合而成，也被称为"匈奴别部"，多居于上党郡（今山西东南部一带）。石勒就是上党郡武乡县（今属山西长治）人。羯人与汉人杂居后，产生了一种很奇特的称呼法，即用汉姓羯名来称呼自己。并州刺史司马腾曾带着镣铐去捉拿羯人，然后押到冀州去卖掉，这是何等可耻的勾当。石勒也曾被卖过，就这样他来到了茌平县（今山东茌平），过着十分悲苦的生活。

氐人的内迁。

氐人一直散居在中国西部。魏晋时，氐人居于扶风、始平（今陕西兴平东南）、京兆一带，也加速了汉化的进程。他们使用汉人的语言文字，学习汉人的传统文化。氐人的著名领袖苻坚八岁就学习汉文，而且很用功，他幼年时打下的儒学功底，

"太夏真兴"铜钱
（十六国·夏）

造像塔
（十六国·北凉，甘肃酒泉出土）

不逊色于汉家世族子弟。后来苻坚统一了北方,实行儒佛并重的文化政策。

羌人的内迁。

羌人,又称西羌,一直生活在中国的西部边地。东汉以降,主要散居于关中诸郡,与汉人杂处。十六国时代,羌人过的已经是农业定居生活。羌人汉化程度高,与汉人之间在生活习俗上也多所认同,有的彻底汉化,成为汉民族的一部分了。

上述匈奴、鲜卑、羯、氐、羌五族,在历史上被称为"五胡"。他们的内迁有的是游牧民族迁徙生活的必然,也有的与当时的自然灾害、政治生活有着某种关联,还有的与战乱相关。他们的反抗、建国也是由错综复杂的原因造成的,有汉族统治者压迫的因素,也有少数民族统治者野心的因素,还有某种偶发因素。这些都要具体问题具体分析,是不能一概而论的。

"十六国"的建立

从西晋永兴元年(304)巴人李雄建立成汉政权和匈奴刘渊建立汉(后改称赵,史称前赵)政权开始,到北魏太延五年(439)北凉被灭亡止,一百三十六年间,在中国北方和巴蜀地区先后建立了习惯上称为"十六国"的割据政权。十六国时期,可以东晋太元八年(383)的淝水之战划分为前后两期。前期八十年间创立的政权有:成汉、汉(前赵)、后赵、前燕、前秦、前凉等六个，此外还有鲜卑拓跋氏建立的代和冉闵建立的魏，史家一般不把代和冉魏政权计在十六国之内。后期的五十六年间建立的政权有：后秦、后燕、南燕、北燕、后凉、南凉、西凉、北凉、西秦、夏等十个，此外还有西燕，

"大秦龙兴化牟古圣"瓦当
（十六国·前秦，河北易县出土）

史家一般也不将西燕计在十六国之内。

石柱残段。此石柱为后赵建武六年（340）石虎修建西门豹祠时的殿基记刻铭，记录建祠过程。

这里值得提示一句的是，十六国在历史上一般又称为"五胡十六国"，让人以为这十六国都是匈奴、鲜卑、羯、氐、羌这些少数民族创立的，其实不完全是这样的。上面说到的这些国家中，西凉、北燕、前凉、冉魏就是汉人创立的政权，可见当时的政治形势是何等的复杂。

賨人生活在今四川、重庆、湖南一带，人数不多，

能量很大。他们用的钱称賨钱，织的布叫賨布。在西晋末的社会大动乱中，賨人的领袖李特被推为首领。西晋光熙元年（306）李特的儿子李雄称帝，国号大成。西晋永嘉二年（308），李特的侄子改国号为汉。史家将两个国号合起来，称"成汉"。差不多在同时，匈奴的大单于刘渊自称皇帝，在西晋永嘉二年（308）建都平阳（今山西临汾西南），国号汉；后来其子刘聪先后攻下洛阳、长安，灭了西晋政权；东晋太兴二年（319），刘渊的侄子刘曜称帝，将国号更名为赵（前赵）。十六国中最早的两个政权，一个割据在巴蜀，一个立国于中原，整个中国北方乱了起来。

这样中国北方的一些握有实权的人物都开始拥兵自重。西晋亡后，原凉州刺史张轨的儿子张寔，建立起了十六国中第一个汉人政权，史称前凉。之后，羯人石勒在河北起兵，东晋咸和四年（329）灭前赵，咸和五年（330）称帝，迁都邺城，史称后赵。东晋咸康三年（337）鲜卑慕容氏称燕王，徙都于龙城（今辽宁朝阳）。东晋永和六年（350），后赵大将汉人冉闵杀石氏一门，夺得政权，建国称魏，史称冉魏。这是汉人建立的第二个政权，但一般不计在十六国之内。这个冉魏只存在了两年。永和八年（352），鲜卑慕容氏消灭冉魏，建立了前燕。

十六国前期政权的终结者是氐族人前秦第三位君主苻坚。寿光三年（357），苻坚袭杀苻生，自立为天王，重用王猛等汉族士人，抑制豪强，提倡儒学，鼓励农耕，推行"圣君贤相"的治国之道。十余年间，前秦大治。苻坚气势如虹，东晋太和五年（370）灭前燕，东晋太元元年（376）灭前凉，接着进军巴蜀，完成了北

五百强盗成佛图（局部，北周，敦煌莫高窟第296窟南壁）。图中所绘是国王派骑兵剿匪，战士身着盔甲，战马除眼鼻四足外，全身也都得到铠甲的保护。

部中国的大统一。

太元八年（383）的淝水之战，前秦大败，北方再度分裂，历史进入十六国后半期。虽然十六国后期在时间上只有五十六年，而建立的政权却有十个。由于逐鹿中原而引发了社会大动荡，在此时代，战争频繁是一个显著的特点。

这一时期，骑兵军团作战时，更加讲究战略战术，从敦煌壁画中可见，战马除眼、鼻和四足外，全身都受到铠甲的保护。同时在作战时，主要依靠鼓吹和号角来召集和指挥。当时的政权非常重视鼓角演奏的军乐，他们常用这类军乐鼓舞士气。后来由军乐演变为仪仗的鼓吹乐队，成为皇权的象征和社会等级的标志。

十六国后期的割据政权主要分布在三大地区。

鼓吹画像砖（中国国家博物馆藏）

彩绘骑马吹号角俑
（北魏，1953年出土于陕西西安南郊草场坡）

一是关东地区。"关东"泛指函谷关或潼关以东的广阔地区。鲜卑慕容氏先后在此建立了后燕、西燕、南燕政权。稍后，已经鲜卑化的汉人冯跋又建立了北燕。政权的更迭之快前所未有。

二是关中地区。"关中"，历史上地域指向的差异极大。这里说的关中指函谷关以西战国末年的秦国故地，包括今河南西部、陕西大部。东晋太元十一年（386），关中羌人姚苌称帝，建立后秦，定都长安。东晋义熙三年（407），南匈奴铁弗部首领赫连勃勃建立夏政权。东晋义熙十三年（417），刘裕率军灭后秦。次年，赫连勃勃又起兵赶走东晋军，占领长安。

三是西北的河西走廊一带。这一时期的河西走廊先后建立了五个短命的小王朝：陇西鲜卑人乞伏国仁建立西秦，定都苑川（今甘肃榆中）；氐人吕光建立后凉，定都姑臧（今甘肃武威）；河西鲜卑人秃发乌孤建立南凉，定都乐都（今青海乐都）；东晋隆安元年（397），汉人段业建立北凉，四年后，匈奴人沮渠蒙逊杀段业，篡位自立，定都张掖；东晋隆安四年（400），汉人李暠建立西凉，定都敦煌。

釉陶铠甲马（十六国时期，咸阳出土）

除上述三个地区外，西晋建安三年（315），鲜卑人拓跋猗卢受西晋册封为代王，以代郡、常山郡为食邑。东晋咸康四年（338），拓跋什翼犍继为代王，置年号，称建国元年，次年置百官，第三年迁都于盛乐（今内蒙古和林格尔）。东晋太元元年（376），代国为前秦所灭。

淝水之战后，前秦政权瓦解，北方再度陷入混乱。东晋太元十一年（386）正月，拓跋什翼犍的孙子拓跋珪趁乱复立代国，四月，改称魏王。东晋隆安二年（398），拓跋珪确定国号为魏，由盛乐迁都平城（今山西大同），史称北魏。北魏太延五年（439），北魏太武帝拓跋焘灭北凉，完成北方的统一。

动乱中的民族融合

有的史书把"十六国时代"描写得一团漆黑,各国互相攻伐,不断兼并,民族之间的仇恨和压迫充斥着整个时代。应该承认,这些现象都是存在的。但是,这样一个长达一百三十六年的历史阶段中,难道没有值得弘扬和赞赏的东西吗?不是的,也是不可能的。雨果曾说:"历史是过去传到将来的回声,是将来反映过去的倒影。"史学工作者的任务是向公众明白无误地传递历史真实的"回声"。我们只要积极加以发掘,是可以在十六国时代的历史库存中,寻找到许多足以"照亮明天"的东西的。

识时务者为俊杰。在建立十六国政权的诸多人物中,不乏关心民生、关键时刻站在民众立场上考虑问题的俊杰人物,十六国中成汉的奠基者李特就是这样一个人物。在西晋走向灭亡之时,数十万流民入川。流民的生活是凄苦的,衣食不周,离乡背井,而西晋的几任益州刺史为了耳根清净,一再宣布要把流民逐出巴蜀。这时,賨人李特站了出来,他同情这些流离失所的流民,"道路有疾病穷乏者,特兄弟常营护振救之,由是得众心"(《资治通鉴》卷八二)。当益州刺史罗尚(西晋委任)企图对流民进行弹压时,李特父子于永宁元年(301)在绵竹(今属四川)结大营,以容流民,"旬月间,得众二万余"。最后,他领导的流民队伍暴发了与政府间的武力冲突,并于太安二年(303)攻下成都。李特之子李雄在西晋光熙元年(306)称皇帝，国号"大成"。

李特父子的确是为流民做了些实事的。"时罗尚贪残，为百姓患。而特与蜀人约法三章，施舍振贷，礼贤拔滞，军政肃然。百姓为之谣曰：'李特尚可，罗尚杀我！'"（《晋书·李特载记》）

李特之子李雄当了大成国君后，实行了一系列保护民众的举措。"雄乃虚己受人，宽和政役，远至迩安，年丰谷登。乃兴文教，立学官。"这样，域内出现了"事少役稀，民多富实，至乃间门不闭，路无拾遗，狱无滞囚，刑不滥及"（《华阳国志·李雄志》）的清明景象。这些文字虽然有所溢美，但这个政权受到民众欢迎看来是肯定的。

像这样的政权还有前燕。东晋咸康三年（337），由鲜卑的一支慕容氏建立起了前燕政权，这是辽西地区唯一的一支武装力量。慕容氏当政后，为了适应当时地狭人稠的实际情况，把过去圈为园苑、牧地的大片土地都开放给流民做耕地，并贷给流民以种子、耕牛，这样使辽西的经济得到了发展。后来汉人冯跋成了北燕王，他废苛政，奖农桑，"令百姓人殖（植）桑一百根，柘二十根"（《晋书·冯跋载记》），这样切切实实地从小处做起，那里的经济也就发展起来了。

上述历史的"回声"，不是很值得后人听取吗？十六国时代最大的成就是中华民族的进一步融合。这种融合大致上表现在以下三个方面。

首先，各少数民族与汉人的杂处，加强了民族间的融合。

各民族的大规模杂处，以魏晋时期为甚。这种大规模杂处的

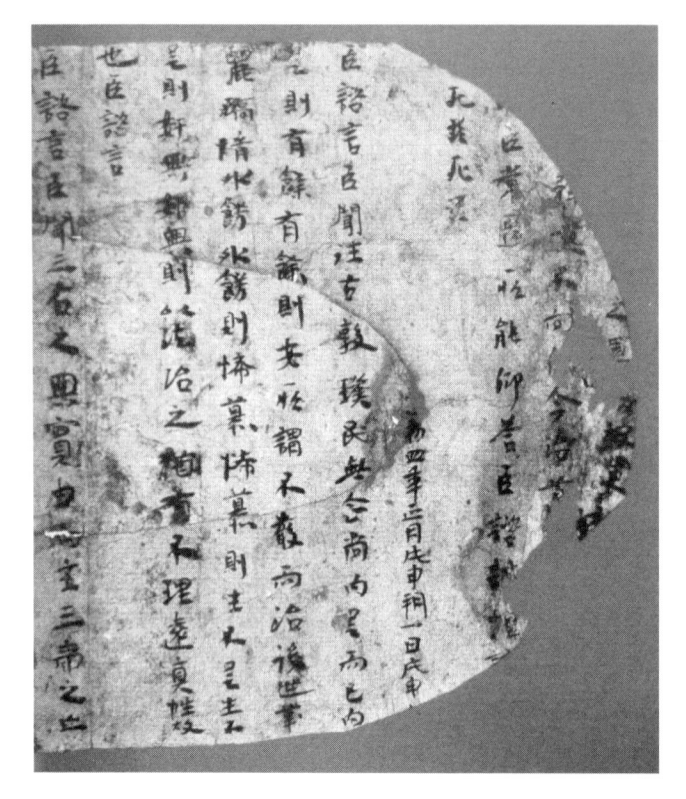

选拔秀才对策文（十六国·西凉）。此为西凉在凉州地区策试秀才的试题和考生的答题残件，这说明西凉实行与汉魏相同的人才选拔制度。

原因相当复杂，有某种政策造成的，也有种族迁移造成的，还有气候等自然因素造成的。统治者为了弥补兵源，征用少数民族壮丁来当兵，这是由来已久的惯例，到了魏晋时期这种现象愈来愈普遍。还有些汉人的世家大族为了谋取私利，把少数民族的民众买卖到其他地方去当奴隶。"晋为无道，奴隶御我"（《晋书·刘元海载记》），这种情况是确实存在的。另外，匈奴、鲜卑等少

魏晋时期俑中服饰趋同

数民族的首领因自身发展的需要而内迁也是常有的事,其目的是圈占牧场和掠夺人口。自然灾害也会造成大规模的人口迁徙。晋武帝时,塞外匈奴居住地发洪水,两万多匈奴人便到河西宜阳城一带落户。"关中之人,百余万口,率其户口,戎狄居半。"(《晋书·江统传》)到十六国时期,战争空前频繁,各民族间的杂处程度更深。后凉主吕光称霸河西时,有一支八万多人的军队,主体是氐人,但其中还有不少匈奴人、鲜卑人、羯人和汉人。这也足证当时民族杂居状况之盛。大量的出土文物也表明各族民众相互尊重、相互学习。

其次,"汉胡共政"局面的出现。

在十六国时代,有些胡人政权的主政人员及制定方略的人却是汉人。反之,当时有一些汉人政权(十六国时期至少有四个汉人政权),在其决策层中也有不少胡人。这是当时一种值得我们重视的新气象。

这里说一说颇具典型意义的前秦苻坚和汉人王猛之间的关

胡人牵骆驼画像砖（青海省博物馆藏）

系。东晋永和七年（351），苻坚的伯父苻健取石虎而代之，自称皇帝，国号为秦。永和十一年（355）苻健死，其子苻生继位。这是个"淫杀无度"的暴君，作为堂兄弟的苻坚也奈何不了他。苦闷的苻坚找到了王猛。

墓室山水图（东魏茹茹公主墓室主壁正中）。这是一幅少见的绘于墓内的山水画。有学者认为，这正反映"探究玄学，浪迹于山水间"的重要时代特征，也许墓主或其家属就是追求放任超脱的玄学推崇者。

王猛是北海剧县（今山东寿光）人，家世寒素，以手工制作度日，成年后以博学多才闻名于世。永和十年（354），东晋大将桓温第一次北伐入关中，进驻灞上。桓温素来知道王猛才华出众，找到他作长夜之谈。桓温撤军时，要他随军南下，并答应请皇上授以高官。王猛拒绝了，他心中清楚得很，东晋王朝执政的都是名门大族，哪会有自己这个寒族出身的人的立足之地？他留在了北方，等待明主来找他。

王猛等待的这个"明主"就是苻坚。作为苻坚的心腹羽翼，王猛曾劝苻坚杀了暴虐的堂兄苻生，以防后患。苻坚这样做了。在等待登基的时候，苻坚又找到了王猛，两人谈得十分欢快，事后称王猛"有王佐之才"（《晋书·苻坚载记》）。即帝位以后，苻坚马上授王猛以高位，让他参与决策大事。王猛提出，要使国家强盛，就要打击那些专擅的权贵，集权于皇上。苻坚以为很对，就照王猛说的办。可那些守旧的权贵对王猛恨透了。氐族大臣樊世，根本看不起王猛，冲着王猛说："吾辈耕之，君食之邪！"其意是说，我们打下的天下，你坐享其成。王猛回答："非徒使君耕之，又将使君炊之！"樊世听了大怒，他说："要当悬汝头于长安城门，不然，吾不处世。"（《资治通鉴》卷一〇〇）苻坚看到樊世如此霸道，"命斩之于西厩……自是公卿以下无不惮猛焉"（《晋书·苻坚载记》）。

经过那次斗争，王猛任中书令，领京兆尹。京兆是氐族贵族势力最集中的地方，不好治理。但王猛还是扛起了这副重担。苻健妻子的弟弟强德"酗酒豪横，掠人财富子女，为百姓患"，王

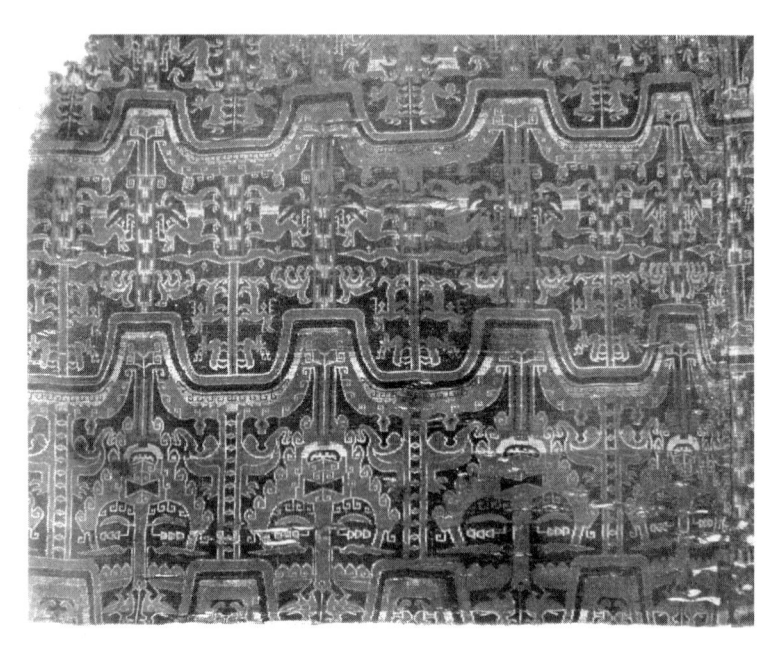

藏青地禽兽纹锦（十六国·北凉）。花草以及飞鸟等动物组成的图案，加上对称的线条和联珠纹，色彩鲜艳，这是仿波斯风格的织锦。

猛杀之，"陈尸于市"，这样谁都不敢乱来了。王猛依法严惩权贵，加强中央集权，使苻坚很感动，他说："今吾始知天下之有法也，天子之为尊也。"在王猛的推动下，王侯富室的家庭僮隶也得到了解放，有三万僮隶变成了有用的社会劳动力，参与了关中水利建设，"同畴修辟，帑藏充盈"，这是前秦得以统一北方的基本条件之一。王猛与苻坚合作近二十年，史称"王猛亲宠愈密，朝政莫不由之"，苻坚在王猛的影响下，"行礼于辟雍，祀先师孔子"。如此密切的汉胡共政，在中国历史上是少有的。东晋宁康三年（375），王猛病死。八年后，发生了有名的淝水之战。战败后，

苻坚十分想念已经逝去的王猛。(《晋书·苻坚载记》)

再次,中华传统文化在少数民族中间的广泛传播。

从文化层面上讲,许多少数民族的领袖人物对中华传统文化基本上没有什么抵触情绪。相反,这些领袖人物一旦掌握了实权,事业上取得一定成就以后,就会学习汉族的文化经典,以提高自己的文化素养。这对他们来说是一种无上的光荣,而不是一种负担。这可说是十六国时代的一种风尚。文化认同的根子在于族源上的认同。匈奴人刘渊建立汉国(前赵),是因为当年刘邦曾以公主"妻冒顿",因此匈奴成了"汉氏之甥"。鲜卑人建前燕、后燕、南燕、西燕,自认为其祖先是"有熊氏之苗裔"。羌人姚苌建立大秦政权,认为自己是舜的后裔,"禹封舜少子于西戎,世为羌酋"。民族族源上的寻根认同,政治制度上的华夷互化,使十六国时代成为"北魏统一中原前的汉化先声,魏晋南北朝民族大融合的重要组成部分"。[1]

石勒是羯人,一些史书上说他是"匈奴别部羌渠之胄"。他起兵后,出于民族的仇恨心理,亲手杀死过不少被他俘获的西晋王公卿士和世家大族。可是,他对汉文化又似乎有着天然的热爱和喜好。早年的石勒不识字,可是他常常要人讲汉文史书上的故事给他听。有一次,"使人读《汉书》,闻郦食其劝立六国后,刻印将授之,大惊曰:'此法当失,云何得遂有天下?'至留侯谏,

---

[1] 邓乐群:《北魏统一中原前十六国政权的汉化先声》,《清华大学学报》2006年第2期。

乃曰：'赖有此耳！'"（《世说新语·识鉴》）可见，他爱听中华历史故事，是从发展他的事业出发的。石勒在攻取河北以后，即"立太学，简明经善书吏，署为文学掾，选将佐子弟三百人教之"，之后，又"增置宣文、宣教、崇儒、崇训十余小学于襄国四门，简将佐豪右子弟百余人以教之，且备击柝之卫"。除了在都城设立学校，又下令"郡国立学官，每郡置博士祭酒二人，弟子百五十人"（《晋书·石勒载记》）。他还规定，以后当官也要根据考核成绩定取舍。他这样做，与汉文化地区有什么两样？

在军事和政治上，当时南北是对立的，但在文化上又是交流的、互动的。南朝宋元嘉三年（426），北凉主沮渠蒙逊世子沮渠兴国遣使来到了南方的宋，"请《周易》及子、集诸书，合四百七十五卷"。后来，沮渠蒙逊又写信给宋司徒王弘，要求替他找一部干宝的《搜神记》。大概是王弘手头没有这部书，或者手头只有一部，就请人抄了一部送他。宋元嘉十四年（437），北凉主沮渠茂虔遣使至宋，送给宋一百五十四卷书籍，其中还有不少珍本呢。文化上的互相认同和互通有无，成了十六国时代特别绚丽的一种文化现象。

十六国时期是一个民族分裂的时期，同时又是各族大融合的时期。分裂主要表现在政治和军事上，融合首先表现在文化的认同和交融上。当文化的融合达到相当程度的时候，政治上和军事上的合一就会自然而然地提上日程了。

北魏统一中国北方

前秦建元十九年（383）淝水之战后，掌控北部中国全局的前秦苻坚政权受到重创，苻坚的权威也受到了挑战，直接的后果是北方统一局面被打破。淝水之战第二年，北方大地上就出现了羌族人建立的后秦，鲜卑人建立的后燕和西秦，以及氐族人建立的后凉。十余年后，后凉又分化出了北凉、南凉、西凉，后燕中又分裂出南燕和北燕，后秦中分裂出夏。乱局比前秦统一北方前更甚。这时，鲜卑族的拓跋部悄然兴起，它建魏国，灭夏、凉、燕，于北魏太延五年（439）终于统一了中国北方。

鲜卑族的拓跋部一度相当强盛，西晋王朝曾把代地封给其首领拓跋猗卢，并于建兴二年（314）封拓跋猗卢为代王，以代郡、常山郡为食邑。前秦政权兴起后，于建元十二年（376）一举消灭了代，这一年，后来成为北魏王朝创始人的拓跋珪只有六岁。拓跋氏代国的灭亡，使原先作为代国王室的拓跋珪一家堕入了苦难的深渊。

拓跋珪的母亲是匈奴人，是个坚强的女性。她带着儿子在自己原先的部落度过了最艰难的日子。建元十九年（383），前秦在淝水之战中大败，前秦太初元年（386），十六岁的拓跋珪着手重建故国，被推选为代王。[①] 当年，他就学习汉人的习惯改元，称

---

① 唐人修《北史》，把拓跋珪推为代王并实行改元的386年称为北魏的建国年。其实，此时的拓跋珪只是据有小块地盘的武装集团领袖，真正的建国年应当是议定国号为"魏"并建立较完整国家机构的398年，两者相差十二年。

登国元年。在以后的十来年间，拓跋部落渐次成为坚强勇猛的军事集团，并向周边地区扩展。

北魏皇始三年（398），拓跋珪做出了一个重大的决定：要把自己的武装集团改造成国家。改造的模式就是汉族中原的传统。他把这一年称为天兴元年，国号定为"魏"，历史上称为北魏。他定都于平城（今山西大同），"始营宫室，建宗庙，立社稷"（《魏书·太祖纪》），还要典官制、立爵品、定律吕、协音乐，建立中央机构外，还设置了刺史、太守、令长等外职官员。这就是北魏政权。这是我国历史上较早的、大体仿汉制建立起来，而且生命力长久的少数民族王朝政权。当时的南朝人称这一政权"胡风国俗，杂相揉乱"，这种说法还是不错的。这个包括鲜卑文化和汉文化的政权之所以能行之久远，就在于一个"杂"字。因为"杂"，汉族与鲜卑族都能接受，生命力也就强。拓跋珪自己也承认，他那一套"参采古式，多违旧章"（《魏书·礼志》）。"采古式"，是说保持了鲜卑人自古以来的某些传统；"违旧章"，是说注入了汉族礼仪风情的许多新东西。之后他率军南征北战，大致上据有了中原。

拓跋珪的使命就是恢复代国，创建北魏，据有中原，制定政体格局。三十九岁的时候，他就匆匆地离开了人世。

拓跋珪亡故后，他的儿子拓跋嗣接任，但拓跋嗣寿命很短，很快就由拓跋珪的长孙拓跋焘管理这个国家了。拓跋焘安定内部以后，就开始征讨北方的割据势力。

拓跋焘在民族和解上比他的父亲和祖父都做得更老到。当年拓跋珪本与汉人关系不错，但后来有两股汉人势力谋反，他曾对汉人大肆杀戮，造成了很坏的后果。拓跋焘在处理与汉人关系上比父辈要谨慎得多。他把汉族士人接纳到北魏政权中来，有事就跟他们商量，有矛盾就主动妥善解决。

北魏神䴥四年（431），拓跋焘率军大举攻夏国，经过一年的战斗，在吐谷浑的配合下，消灭了立国二十五年的夏国。到了夏都城内，拓跋焘什么都不要，就急急忙忙把在夏国那里任职的汉人中的大文人毛修之、赵逸、胡方回、张渊、徐辩找来，并拜为上宾，加以重用。接着，他便征询各州郡名士，以备后用。当时渤海的大学士高允写的《高士颂》，颂扬的就是拓跋焘对汉族士人的重用和关怀。

北魏延和元年（432），拓跋焘率军攻北燕。攻北燕的战斗拖得比较长。这年的夏天发兵，经艰难战斗，攻下北燕六郡，并将六郡的三万余人口徙到魏统治区，以加强魏的实力。当时战乱频仍，战争的一个目的就是掠夺人口。但是，当时北燕的都城龙城难以攻破，他就回师再等待时机。北魏太延二年（436），北燕内部发生变乱，拓跋焘派大将率领万余大军攻燕，一举占领龙城。立国二十八年的北燕灭亡。

太延五年（439），拓跋焘率军向河西走廊进军，攻打中国北方的最后一个割据势力北凉。七月发兵，八月兵临姑臧城下，北凉国王看大势已去，就率满朝五千文武官员出城投降。这样，黄河流域的最后一个割据据点拔掉了，北方地区又归于统一。

第八章 南朝的更迭

南北朝时期的开始

说到南北朝时期的历史,不能不讲到宋武帝刘裕其人。他的存在,很大程度上改变了南部中国的统治构架,基本上推翻了东晋以来世家大族独霸政坛的局面,并开始形成了南北对峙的政治格局。

刘裕的先祖是彭城(今江苏徐州)人,后来迁居京口(今江苏镇江),据传是汉高祖刘邦之弟楚元王的后代。当然这只是其显赫后的一种附会,是没有多少依据的。实际的情况是,他出生在一个贫困家庭中,他的小名叫"寄奴",本身就充满着贫民色彩。《宋书·武帝本纪》说他"家贫,有大志",这是符合实际的。他年轻时出门做过小买卖,也常受人欺凌。当时京口有个大族刁家,有钱有势,鱼肉百姓,被称为"京口之蠹"。一次,刘裕与刁家人赌博,输了钱

宋武帝刘裕像

还不起，被绑在马桩上毒打，这事他直到晚年都记得。他对世家大族有一种天然的憎恨，后来他当了皇帝，世人称其为"寒人皇帝"是有一定道理的。这个"寒人皇帝"当政后想做的大事之一就是严惩那些横行乡里的世家大族，而那些豪门权贵中使他有切肤之痛的是京口刁氏，他对刁氏的惩处是痛快而彻底的，那当然是后话了。

刘裕是在镇压孙恩、卢循起义的过程中一举成名的。他参加了政府军中最有战斗力的"北府兵"。当时世家大族的腐败无能已暴露无遗，他们除了过着醉生梦死、纸醉金迷的生活，可以说是一无所能。一些豪门控制的政府军在与起义军的战斗中屡战屡败，无一胜绩，朝廷只能依靠骁勇的"北府兵"去镇压起义军，而智勇双全的刘裕则在这场战争中崭露头角，成为北府名将。

在刘裕的战斗生涯中，海盐之战是他的"成名作"。当时孙恩的势力正盛，刘裕奉命守卫海盐城。孙恩数度攻城，海盐城中兵寡势弱，眼看城门不保。这时，刘裕心生一计，"乃选敢死之士数百人，咸脱甲胄，执短兵，并鼓噪而出。贼震惧夺气，因其惧而奔之，并弃甲散走，斩其大帅姚盛"（《宋书·武帝本纪》）。这是战争史上出奇制胜的传奇故事。在两军交战中，哪有弱势的一方士兵脱掉甲胄与对方交战的？哪有弃长枪而执短兵的？哪有弱者弃城而冲出与对方决一死战的？刘裕之智勇就在于把这些"不可能"神奇地统统变成了"可能"，使敌手在"震惧夺气"中丧失战斗力，最后战而胜之。刘裕就是用这样的智勇精神消灭了坚持十余年的孙恩、卢循起义军的。

刘裕的第二功是平定了桓玄之乱。桓氏是东晋的"四大家族"之一,是当时的权臣桓温之子。桓温死后,桓玄乘政局动荡之机控制了长江中上游的大部分地区,使东晋王朝辖区局限在三吴地区,桓玄十分骄横。元兴元年(402)朝廷派司马元显为大将,以北府兵的刘牢之为前锋讨伐桓玄。不料作为主将之一的刘牢之背叛了朝廷。这样,第二年桓玄就称帝了,定国号为楚。这时刘裕就起兵讨桓玄。他在兵力上虽处弱势,但他知道桓玄的反叛是不得人心的,"(桓玄)祸难屡构,干戈不戢,百姓厌之,思归一统"(《晋书·桓玄传》),桓玄的阴谋是不可能得逞的。同时,他一如既往地镇定自若,冲杀在前阵,给士兵以极大的鼓舞。刘裕占据了天时、地利、人和,打败了不可一世的桓玄。平定桓玄之乱后,晋安帝给了他极高的封赏。

义熙六年(410),刘裕轻而易举地灭掉了称霸一方的南燕。

义熙十二年(416),刘裕举兵北伐,攻打后秦,沿途"望风降服",一直打到了洛阳,在洛阳修复了晋王陵。后又打到长安,谒汉高祖刘邦的陵墓。他派自己的儿子镇守长安,自己返回建康。这时,朝中已无人能与之抗衡了。

义熙十四年(418),刘裕受封为相国、宋公。年底,刘裕缢死了晋安帝司马德宗,改立司马德文为帝,是为晋恭帝。一年半后,他又设计让晋恭帝禅位给他。

元熙二年(420)六月,刘裕正式称帝,国号宋,改元永初,定都建康,史称宋武帝。

元熙二年(420)这一年,在中国历史上打上了深深的印记,它既标志着一个王朝——晋的终结,又标志着一种原先的统治形态——世族大家把持政局的终结,从此开拓出了寒族政治的新局面。同时,它又是南北朝时期的开局之年。

元熙二年(420)这一年,对北魏来说也有纪念意义。这一年,北魏政权的第二代君主拓跋嗣去世。经过拓跋珪、拓跋嗣两代的努力,北魏政权的内部团结统一,国力空前强大。元熙二年(420),北魏的第三代君主拓跋焘接过了接力棒,后来经过多年的征战,到刘宋元嘉十六年(北魏太延五年,439)时,实现了北方的统一。南北对峙的局面正式形成了。

宋、齐两朝的更迭

刘裕经过多年的征战、谋划,终于坐上了皇帝的宝座。"名微位薄,盛流皆不与相知"(《宋书·武帝纪》),就是在荡平起义军、平定桓玄之乱后,那些名门大族的"盛流"仍然看不起他。如尚书左仆射王愉,本是江左冠族,竟敢在公众场合辱骂刘裕。对这些人,刘裕当然也不客气,利用种种借口一个个把他们收拾了。

刘裕十分懂得体恤下人和部属,在利益面前显得比较大气。"上清简寡欲,严整有法度,未尝视珠玉舆马之饰,后庭无纨绮丝竹之音。"(《宋书·武帝本纪》)他是保持了寒族的本色的。史书上有这样一段记载:在刘裕带兵北征的时候,地方官送给他一个琥珀枕，告诉他琥珀可以治刀剑创伤，这对他是有用的。刘裕收下后，马上叫人把这个琥珀枕捣碎，分给了需要治伤的将士。这让部下十分感动。他生活上没有多少要求，衣着简朴。他在外面散步时，通常不带侍卫，情况复杂需要加强警卫时，他也尽量减少卫士，从行者最多也不过十来人。

刘裕作为起于行伍的寒族，随时注意打击世家豪族。他讨桓玄时把京口豪门刁氏铲除，把其土地悉数分给京口贫民，百姓拍手称快。晋安帝妻王皇后（王羲之孙女）有"脂泽田四十顷"，她死后，刘裕就把这些土地分给临沂（今江苏句容）、湖熟（今江苏南京东南）的贫民。刘裕对世家豪门加以限制，曾下令：豪强不得侵吞山湖川泽。这些都是对寒族实行的善政。

刘裕对普通百姓的甘苦体会较深。即宋帝位第二年，他就实行了一系列的改革。从文献资料看，他差不多每个月都会发布条令，实行切实的改革。他宣布免去一些苛捐杂税，战争期间征发的奴隶一律放归故里。他"车驾幸延贤堂策试诸州秀才、孝廉"，"限荆州府置将不得过二千人，吏不得过一万人，州置将不得过五百人，吏不得过五千人"。他主张废除酷刑，在刑罚上都要比原先降一等。

刘裕只做了不到两年的皇帝，六十岁那年病死了。临死前写下手诏："后世若有幼主，朝事一律委宰相，母后不烦临朝。"（《宋书·武帝本纪》）这在中国历史上是很开明和有远见的一份政治遗嘱。他是在防止世家大族重新登台，杜绝外戚乃至宦官专政的重新出现。刘裕是个有远见的政治家，他这一政治遗

宋文帝刘义隆长宁陵左石兽 　　宋文帝刘义隆长宁陵右石兽

齐景帝萧道生修安陵石兽 　　齐宣帝萧承之永安陵石兽

嘱的价值不只体现在当时，可以说延及百年；不只影响了刘宋一朝，还影响了南朝的整个政治。[①]当时以司马氏为代表的士族

---

① 周一良、邓广铭、唐长孺、李学勤等编《中国历史通览》言："刘裕临终遗诫说：'后世若有幼主，朝事一委宰相，母后不烦临朝。'宋齐梁朝较有作为的皇帝，大都继承了刘裕的传统。南朝一百七十年间，没有出现母后听政，因而也杜绝了外戚专政。"此说可为读者参考。

《熊造像记》(宋元嘉二十五年,448)

统治集团处于重重内外矛盾之时,本来不惹人注目的刘裕"奋起寒微",依靠军功,逐渐掌握北府兵权,登上了历史舞台,他和周围的人组成的寒人武装集团,开创了寒人掌权的局面。元熙二年(420),刘裕灭掉东晋,建立了南朝第一个朝代——刘宋。在刘裕入朝执政到称帝的二十年中,他在政治、经济、军事方面采取了一系列有效措施,力矫晋时弊政,加强集权,铲除分裂割据势力,努力发展经济,并在此基础上两次北伐,消灭南燕、后秦。其子刘义隆(宋文帝)继续实行刘裕的政策,终于出现了"元嘉之治"这个分裂时期的大治盛世。刘裕是东晋南北朝颇有作为、成就最大、最有建树的皇帝。他所做的改革,推动了社会的进步,促进了历史的发展。当时北魏的政治家崔浩曾把刘裕与曹操加以比较后指出:"刘裕之平祸乱,司马德宗之曹操也。"明末清初思想家王夫之则认为:"裕之为功于天下,烈于曹操。"

从总体上说,宋文帝继承了其父重视民生的政策,在元嘉元年(424)就宣布"大赦天下"。他的大赦绝非空话,让老百姓最高兴的是"逋租宿债勿复收"(《宋书·文帝纪》)。"逋租",指过去农民拖欠的土地租金。"宿债",指长年积存下来的人头税之类的债务。现在,文帝宣布全部免除。这可以说是对东晋时期世族压迫和剥削民众的一次总清理。老百姓的高兴劲儿是可想而知的。后来在元嘉十七年(440)、元嘉二十一年(444)他一再强调这一法令,可见具体推行时又是多么困难。他又多次强调劝课农桑,把湖熟一带的"废田千顷"开垦为良田。

从宋武帝到宋文帝的三四十年间,农村经济得到了很大的发展,民众购买力也提高了,货币流通量大增。文帝元嘉七年(430)政府设立了魏晋以前从未设立过的"钱署",开铸四铢钱,这本身就是社会繁荣的表现。

后世对宋武帝到宋文帝时期,尤其是对宋文帝时期所谓的"元嘉之治",评价很高。"自义熙十一年司马休之外奔,至于元嘉末,三十有九载,兵车勿用,民不外劳,役宽务简,氓庶繁息,至余粮栖亩,户不夜扃。"(《宋书·孔季恭、羊玄保、沈昙庆传后论》)

宋文帝以后,宋很快就衰弱下去。后来的宋孝武帝、前废帝、宋明帝、后废帝,一个个都是内部倾轧和互相杀戮的高手。就拿宋孝武帝刘骏来说,他在位只有短短十二年,就杀了弟弟南平王刘铄、武昌王刘浑、海陵王刘休茂、竟陵王刘诞。杀死了兄弟还不算,还要屠杀其亲属,一杀就是数千人。

在宋王朝的内斗中,大权集中到了将军萧道成手里。升明元年(477),萧道成杀后废帝刘昱,立刘準为顺帝。升明三年(479),他学宋武帝刘裕,迫使宋顺帝禅位给自己,他就是齐高帝。宋历时五十九年而亡，南朝进入了第二个王朝——齐朝。萧道成为了站稳脚跟，将"宋之王侯，无少长皆幽死"（《南史·宋本纪·顺帝》）。

萧道成称帝四年后死去，继位的是齐武帝萧赜。为了巩固统治，齐武帝也想像宋初一样采取一些改善民生和发展生产的措施，如减免"逋租宿债"，"减轻市税"，但是，问题的关键不在于统治者说了些什么，而是在于他们做了些什么。宋初的免除"逋租宿债"等法令是认真实施了的，也收到了很好的成效。而齐的这些法令只停留在纸面上，皇族对民众的盘剥越来越重，"聚钱上库五亿万，斋库亦出三亿万，金银布帛，不可称计"（《南史·齐本纪·废帝郁林王》）。齐帝还想"校籍"，也就是整理和登记户口，还设立了"校籍官"。但是这一工作一开始就弊端百出。由于用人不当，富有者常通过涂改户口等手段得利，而老百姓又常被诬为户籍诈伪。结果这些措施都走到了愿望的反面。

刘宋王朝前期还有一个相当长的安定期，而齐王朝没有，从第二代齐武帝就进入了混乱的内斗期。齐皇室的内部相残可以用惨不忍睹四字来形容。举一个例子，齐明帝萧鸾一上台就大开

齐高帝萧道成像

青瓷带盖莲花尊
（南齐，湖北武昌出土）

杀戒，他"性猜忌多虑，故亟行诛戮"（《南齐书·明帝纪》）。齐明帝在位只有五年，却杀死了近三十个萧齐宗室，以致齐高帝和齐武帝仅有少数几个子孙幸存下来。如果不是在建武五年（498）暴病而死，齐明帝还会继续杀戮的。齐明帝一共活了四十七年。在死前，他还教育他那个不成器的儿子，说"作事不可在人后"，意思是要先发制人，先下手为强。这样，他的儿子在取得政权后也拼命地杀人。

中兴二年（502），萧氏的宗室、雍州刺史萧衍，举兵入京，杀尽了齐明帝的后裔。这年的四月，萧衍在建康自立为帝，改国号为梁，他就是梁武帝。齐王朝总共只存在了二十三年，留下的文化遗产不多。南朝进入了第三个王朝——梁朝。

梁武帝及"侯景之乱"

取齐政权而代之的是这个王朝的宗室萧衍。史称萧衍其人"博学多通，好筹略，有文武才干"（《南史·梁本纪·武帝上》），这大约是真实的。论文才，他是南齐时公认的文学"八友"之一，与沈约这样的大文人齐名。论武艺，他能带兵征战、攻城略地，而且屡有胜绩。因为他处于当时政治旋涡的中心，对齐朝政的利害得失看得最清楚。他认定齐王朝的统治不会久远，于是就积极准备取而代之。

萧衍于永元二年（500）在襄阳举兵，因为齐王朝已

梁武帝萧衍像

经腐败到了极点，民众对这个政权完全丧失了信心，所以萧衍起兵后"百姓愿从者，得铁马五千匹，甲士三万人"（《南史·梁本纪·武帝上》）。加入队伍的百姓就有三万人，再加上萧衍手里的军队，声势够大了。齐王朝很快就倒台了，中兴二年（502），萧衍废齐建梁，他就是梁武帝。

梁武帝的统治长达近半个世纪（502—549在位），他是南朝皇帝中在位时间最长的帝王。《梁书》在评点梁武帝的统治状况时，把他的统治分为前后两期：前期"三四十年，斯为盛矣，自魏晋以降，未或有焉"——这是说他前期的盛业超过了魏晋以来的所有统治者；但在后期，他"委事群幸"，这些"群幸"之徒"作威作福，挟朋树党，政以贿成"，"朝经混乱，赏罚无章"——这是说他后期用人不当，朝政败坏。

前期的梁武帝是一个很有头脑的人。他吸取前朝的经验教

训,总结出两条治国方略:

第一条,协调庶族与世族之间的关系,使之为己所用。梁武帝是庶族出身,理所当然地要重用庶族中有才华的人。朱异出身寒门,但是他"遍览五经,尤明《礼》《易》"(《南史·朱异传》),因此梁武帝重用他。但是,在梁武帝看来,世家大族中人如果有才,也是可以用的。他甚至设专官,搜罗每州、每郡、每乡的士人,只要是可用之才,都要发掘出来。为了广泛地纳谏,最大限度地用好人才,梁武帝还下令在门前设立两个盒子(当时叫函),一个是谤木函,一个是肺石函。如果功臣和有才之人,没有因功受到赏赐和提拔,或者良才没有被使用,都可以往肺石函里投书信。如果是一般的百姓,想要给朝廷提什么批评或建议,可以往谤木函里投书信。同时,为了广开官员入仕之门,他把地方行政分割小了,这样当官的人也多了。天监十一年(512)梁境内有二十三州、三百五十郡、一千零二十二县,实际上地方官已够多了。但梁武帝还嫌不够。大同六年(540),他把梁境的州划

梁文帝萧顺之建陵石兽　　梁武帝萧衍修陵石兽

成一百零七州，等于原先的州一分为五，这样州官的数量增加到原来的五倍。

第二条，协调皇室内部关系。看到前面的宋、齐两朝，都是败于内斗，他主张以骨肉之情来替代骨肉相残。皇室成员内部发生了问题，他一般不主张通过杀戮的手段解决。他早年无子，就过继侄儿萧正德为嗣子，后来生了儿子，他就把嗣子还了回去。萧正德想不通，竟引魏攻梁，后来又从魏逃回梁。梁武帝不但不治他的罪，还主动地安慰他，宽以待之。萧正德后来与侯景勾结谋反，那是他自己的事，与梁武帝的宽大为怀没有必然联系。梁武帝分封了不少同姓王。梁武帝有令，诸王在外，必须有职有权。诸王如犯罪，一般不用刑律，而是以家教诲之。这样，帝王与诸侯王之间的亲情就彰显出来了。

梁武帝的这些做法，化解了不少矛盾，是梁代前期三四十年平安无事的基本政策保障。

梁武帝有着与一般帝王不同的生活作风。在冬天他五更就起床办公，手冻得裂开了口子，他也不停笔。他是个极其虔诚的佛教徒，即位不久就按佛家规矩长年素食，祭天、祭地、祭祖宗，

梁简文帝萧纲庄陵石兽

朝廷举行宴会时也只用蔬菜。只要不是公宴，他就不吃公家饭，也不准宫里的官员吃公家饭。他不喝酒，生活简朴，穿的是粗布衣服，一顶帽子戴三年，一条被子盖两年。他三次舍身同泰寺。这些做法长期以来被一些史家斥为"虚伪"。其实这应进行具体分析。他的刻苦自律，"从不吃公家饭"，要求下属也这样做，应该说是真心的，也是有积极意义的。他被人称为"皇帝菩萨"也是有道理的。

梁武帝也有失策的地方，比如大量分割和设置州、郡、县，虽然一时满足了一些人的欲求，但也隐藏着祸端，而且这样做必然加重民众负担。他制定的《梁律》是有积极意义的，但实施"一人亡逃，则举家质作"（《隋书·刑法志》），又失之过严。梁武帝最大的失误在于轻信了侯景，最后导致了破坏性极大的"侯景之乱"。

梁武帝在位期间，梁与魏总体上和平相处，但也时有小规模的攻守，双方也都有将领向对方投降。在南北对峙情况下这也是正常的。太清元年（547），北方东魏的大将侯景愿以所据河南之地降梁。"庚辰，东魏司徒侯景求以河南十三州内属。壬午，以景为大将军，封河南王。"（《南史·梁本纪·武帝下》）收纳一个敌方的降将，为己所用，这是很正常的事，但一收降就又是"封王"，又是"耕籍田"，那就未免失之轻信了。事实证明这种轻信造成的祸害是巨大的。

侯景是个阴谋家。降梁不久，他就渡过淮河据有了寿阳地区，并以寿阳为基地发展自己的势力。第二年，侯景就与负责成守长江事务的萧正德结为密友。萧正德是梁武帝的侄子,他们以朝廷大权旁落在朱异手里为由,起兵造反。起兵前他们宣布梁武帝和梁朝百官的罪状,说他们"割剥民众,以供贪欲"。做好舆论准备以后,侯景就渡江攻建康城。梁武帝的子孙们都拥兵自重,不肯交战,号称百万的梁军不堪一击,侯景很快就攻占了建康城,立萧正德为帝。梁武帝病饿而死。交战双方都采取烧杀政策,建康城本是全国的政治、经济、文化中心,经此一战,城内的宫殿、图书、文物几乎全部被焚毁。当时的建康城规模大,人口众,南北绵延二十多公里,拥有二十八万户人家,人口近百万。经侯景一掳掠,荒凉得少见人烟了。攻下建康城后,侯景又杀萧正德,立简文帝。

接着,侯景这个大阴谋家率军进攻"三吴",每攻入一城,就杀个干净,说是要让天下人"知我威名"。侯景军攻吴郡,守军有精兵五千,不敢抵抗而开门投降,进城后侯景军大掠财物与妇女。接着是攻吴兴,很快攻陷,将之劫掠一空。攻会稽(今浙江绍兴),守城的精兵有数万,粮食武器也充足,但是守城的东扬州刺史萧大连弃城而逃。三吴在江南最为富饶,是长江流域第二个经济、文化中心。侯景入三吴,掠完了金银,又掠人口,三吴人众有的被杀死,有的被贩卖到北方。大宝元年(550),侯景打到了广陵(今江苏扬州)城,城中不论老少,大多被活埋。侯景还玩杀人游戏,让士兵驰马射击,八千人由此惨死。

大宝二年(551),侯景废简文帝,立豫章王萧栋为帝。不久又废梁帝,自立为帝,改元太始,国号汉。

侯景军大肆虐杀，引起民众的极大愤慨，他们自发组织起来斗争。就在侯景称帝的同一年，梁将陈霸先率军向东讨侯景。侯景败走入海，在舟中被部属杀死。剿平侯景之乱后，陈霸先立萧方智为帝，是为梁敬帝。梁太平二年（557），陈霸先取而代之，建陈，他就是陈武帝。首尾共五十六年的梁朝终结了。

南朝进入了第四个王朝——陈朝。

陈是南朝的最后一个王朝，也是控制地区最狭小的一个王朝，仅实际控制江陵以东、长江以南的一小块土地。陈霸先出身寒门，以平定"侯景之乱"而知名，直至取梁而代之。他采取的是逼梁禅让的方式，让"梁帝逊于别宫"，自己当了皇帝。当上皇帝后，他也想有一番作为，仿宋初的善政，"逋租宿

陈文帝陈蒨像

陈废帝陈伯宗像

陈宣帝陈顼像

责,皆勿复收。有犯乡论清议、赃污淫盗者,皆洗除先注,与之更始"(《南史·陈本纪·武帝》)。在大乱局中,当时"赃污淫盗者"实在太多了,将这些人宽大处理,促其"更始",这也是明智的政治措施,可惜他称帝三年就去世了。继位的陈文帝、陈宣帝都还算清正,使江南的经济有所恢复。可是,陈宣

陈后主陈叔宝像

帝的儿子陈后主就不行了,他极度腐败,最后断送了这个王朝。陈朝首尾只有三十三年。

南朝时期皇权的加强

在整个东晋一代,皇权衰微到了极点。名义上是司马氏掌握政权,实际上大权在那些世家大族手里。所谓"王与马,共天下",把"王"放在"马(司马)"的前面实在是很有道理的。"马"只是门面,实际当家的还是"王"。东晋初年,王导主内管朝政,王敦主外管军事,哪有司马氏定夺的机会?这种"主弱臣强"的局面,越到后来,显现得越明显。

但是,到了南朝时期局面就有所改观。这首先是由于主政者开始由世族转换成庶族,也就是通常说的寒族。南朝四代,主政者全都是庶族中人。宋的创立者刘裕,是寒族人士,史称"家贫,有大志",要不是东晋末的那一场战争,他就是个普通的农民。因为家贫,他年轻时常受人欺侮。齐高帝萧道成侨居南兰陵,出身于"布衣素族",是凭借战功进入统治阶层的。梁武帝萧衍也是出身于南兰陵的庶族,与齐的王室有一点亲属关系,他后来的"长斋素食"多少与他的出身有关。陈朝的开国之君陈霸先"家世寒贱",从来没列入过世族,早年在乡里当里司、油库吏、传令吏这样一些微官小吏,后来才一步一步爬上了高位。这与司马氏世代为大官的出身完全不同。这些庶族人士总的来说比

贵妇出行图画像砖（南朝，河南邓州许庄村出土）

较实在，比较体察民情。他们一旦登上皇位，也会通过加强皇权来实现自己的政治理想。这些人在战争中勇敢地冲杀在前，由此得到民众的拥戴。就拿刘裕来说，他的权威来自何处？就来自他的杰出作为，所谓"刘裕奋起寒微，不阶尺土，讨灭桓玄，兴复晋室，北禽慕容超，南枭卢循，所向无前，非其才之过人，安能如是乎？"（《资治通鉴》卷一一八）可以这样说，庶族建立的皇权政治的权威，一定程

梁武帝曾三次"舍身"于同泰寺（鸡鸣寺）

度上是"打"出来的。

庶族出身的人，往往比较清廉。萧衍曾任齐王朝的司州刺史，任职期间，曾有人赠送马给他，他不肯接受，赠马人就偷偷地将马拴在他家房前的柱子上。萧衍出门的时候看到了马，就写了一封措辞十分恳切的信拴在马头上，叫人把马赶出城去，让马的主人去认领。这样动人的故事一直在流传着，无疑大大提升了他的威信。同时，梁武帝萧衍还试图以佛教来强化皇权。普通八年（527），萧衍亲自到了同泰寺，做了三天的住持和尚，下令改年号为大通。后来，萧衍又几次入寺做和尚，还精心研究佛教理论。大通三年（529）九月十五日，他又一次到同泰寺举行"四部无遮大会"，脱下帝袍，换上僧衣，舍身出家，九月十六日讲解《涅槃经》。二十五日，群臣捐钱一亿，向"三宝"祷告，请求赎回"皇帝菩萨"。

庶族向往的是"政令出于一门"的集权政治，反对"政出多门"。永泰元年（498）齐明帝死，其子萧宝卷立，是为东昏侯。当时扬州刺史始安王萧遥光、尚书令徐孝嗣、右仆射江祐、侍中江祀、右将军萧坦之、卫尉刘暄轮流值内省，号称"六贵"。此外又有佞幸小人茹法珍、梅虫儿、丰勇之等八人，世称"八要"。在这种政治形势下，萧衍对人说："政出多门，乱其阶矣。《诗》云：'一国三公，吾谁适从？'况今有六，而可得乎！嫌隙若成，方相诛灭"（《梁书·武帝本纪上》）。这就充分反映了萧衍的政治理念，他在以梁代齐后坚决反对"一国三公"和"政出多门"。

要强化庶族政权的皇权威望，就得重用庶族出身的人。宋朝建立之后，形成了从文到武出自寒门的寒门集团。刘裕重用的刘穆之是世居京口的寒族。"家本贫贱，赡生多阙"，"爱自布衣"。可是，刘裕却大加重用，自刘裕"委以腹心之任"后，"穆之亦竭节尽诚，无所遗隐"。建立宋朝后，"穆之内总朝政，外供军旅，决断如流，事无拥滞"。（《宋书·刘穆之传》）

青瓷博山熏炉（南朝，福建福州出土）

其他还有，徐羡之是"中才寒士"，傅亮是"布衣诸生"（《资治通鉴》卷一二〇），大将刘毅"家无担石之储"（《宋书·武帝纪》）。

萧衍建梁后，对真心拥戴自己的武将功臣优宠备至。这些人都是寒门出身。萧衍通过委以高官、封以显爵的办法，使他们成为构建皇家权威的台柱子。当时"草泽底下，悉化为贵人"（《梁书·陈伯之传》）。如吕僧珍，起自寒贱，但立有大功，封侯，官至领军将军、散骑常侍，成了皇帝的心腹。另如张弘策、曹景宗、陈庆之等人都平步青云，由寒族而成为权倾朝野的大臣。正是这些人支撑起了寒族政权的大厦。

南朝的统治者特别重视文化的引领作用，以增强皇权的权威。就拿梁武帝来说，他即位后，大兴儒学，制礼作乐。天监元年（502）他自制四种弦乐器，以厘正雅乐。天监四年（505）设五馆讲授儒学，并分遣博士祭酒到各州郡立学。他还亲临国子学，讲授经籍，策试生员。天监十一年（512）制成五礼，颁布施行。他还著述多种儒家经典疏解，发表了自己独特的见解。他还是位佛学大师，对佛教的中国化做出了自己独特的贡献。他平稳地统治梁朝那么长时间，绝不是偶然的。

南朝时期，世家大族的势力明显削弱。世族的削弱是其自身发展的必然。从晋朝建立世族政权以来，世族的无知、暴虐、专擅，造成了极为恶劣的社会影响。《世说新语·简傲》中有一段故事，说桓冲问王徽之："你当什么官啊？"王徽之回答："不知什么官，只见时不时地有骑马的来，好像是管理马匹的官吧！"桓冲又问："你管理多少马？"王徽之回答："不问马，何由知其数。"让这样糊里糊涂的大族去办事，怎么能办好呢？与充满朝气的庶族相比，世族是死气沉沉的。这些世族人员"祸难屡构，百姓厌之"，老百姓是看透了这些人的。

南朝政权一般对世族实行的是政治上优厚、军事上削权、经济上挤压的手段。有人做过统计，在宋、齐、梁、陈四朝，中央大官中的一半以上，还是让世族担任，梁代时还专门设官搜罗世族中有才气的人出来当官。但是在军事上就大加削权。魏晋时州郡武官大都由大族掌权，到南朝时大权就集中在同姓皇族的手中了。在经济上的限制和打压就更加显而易见了。大族侵占的山林被收回，大族的家奴被释放，不少豪族侵占的土地所有权也回归国有。

东晋时期是豪门大族掌控社会的顶峰期，凡政权、军权、财权都在他们手中。这时，皇权只是政治摆设，最终一切由豪门说了算。南朝时期，寒族掌权，豪族自身更加腐败，又受到民众和寒族人士的打压，地位明显下滑了。这本身就是社会的进步。

南朝经济开始赶上北方

从建武元年（317）东晋王朝建立，到开皇九年（589）隋王朝统一中国的大约两个半世纪中，江南的经济得到了长足的发展，渐次赶上甚至超过了北方经济，成为中国最有活力的经济增长区域。"江南瘴疠地，逐客无消息"的传统观念愈行愈远，"江南好，江南好"的歌声开始响彻大江南北。

这段时间江南经济大发展的原因主要有两个。第一，从西晋王朝崩溃起，北方向南方大规模迁移的移民潮愈演愈烈，常常一次大的移民潮就是"以十万计"，在二百多年间累积起来数量就十分可观了。在魏晋南北朝时期的前期，江南的生产相对还比较落后，农业基本上还处于"遏长川以为陂，燔茂草以为田"的火耕水耨式的比较原始的耕作阶段，北方的流民给南方带来了先进的粪田耕作法，此外他们还将麦、菽等作物带到江南推广培植。江南的土著农民与北方南下的侨居农民两支生产大军的结合，为开发江南提供了劳动力资源和生产技术资源。第二，江南在这段时间内具有较北方优越的社会条件。在这段时间里，北方战乱不已，在十六国时期，先后出现了不少于二十个割据势力，并存的割据势力也常有三五个，说当时的情况是山河破碎，一点也不为过。而南方的情况就大不一样。在这两个半世纪内，江南地区始终是一统的，除了"侯景之乱"造成较大规模的动乱和破坏，民众基本上在平静的环境中生活。在这段时间里，朝代的更迭是有的，但大多采取的是和平过渡的禅让方式，这种方式破坏性较小，对民众的生活和生产影响不大。

在《宋书》中，有一段对江南经济总体的评价，谓"江南之为国盛矣"，意思是说，江南的经济已经足以代表国家经济发展的水准了。具体的分析表述是这样的："地广野丰，民勤本业，一岁或稔，则数郡忘饥。会土带海傍湖，良畴亦数十万顷，膏腴上地，亩直一金，鄠、杜之间，不能比也。荆城跨南楚之富，扬部有全吴之沃，鱼盐杞梓之利，充仞八方，丝绵布帛之饶，覆衣天下。"（《宋书·沈昙庆传》）这段话告诉人们，当时以荆州和扬州为代表的江南经济，已经超越"鄠""杜"——泛指关中、中原——的经济状况。作者的口气十分明确："鄠、杜之间，不能比也。"[①]为什么说中原不能与荆、扬相比呢？第一，这里的地理条件得天独厚，土地特别肥沃，一年的丰收（稔，即丰收也）可养活几个郡的民众。第二，这里"民勤本业"，十分重视农业生

---

① 从《宋书》中的"江南之为国盛矣"及"鄠、杜之间，不能比也"两段文字，以及南朝时的大量史料看，说南朝时江南经济已赶上甚至超过北方是有相当依据的。

千秋万岁画像砖（南朝，河南邓州许庄村南朝墓出土）

产，"以农为本"的思想牢固。第三，耕业和织业相得益彰，他们织出的布帛"覆衣天下"。男耕女织的理想境界在南朝时的江南有所体现。

相关记载表明，江浙的太湖流域、浙东的会稽郡、江西的鄱阳湖一带、湖南的洞庭湖一带，在南朝时都已经成了著名的

牛车画像砖（南朝，河南邓州许庄村南朝墓出土）

粮仓。广东、福建一带,自从牛耕技术推广以来,生产就有了大发展,东晋南朝以后,"双季稻"已经成为岭南地区民众的骄傲。

南朝时期的江南经济,还有一点是其他地方无法企及的,那就是多种经营。江南的人们,往往"缘湖居民,鱼鸭为业,及有居肆,理无乐徙"。除了农耕这个主业,他们还养鱼虾,养鸡鸭,这是副业。主业与副业并举,也是南朝经济的一大特色。当时的会稽太守孔灵符重视发展生产,走出了一条"产业甚广"的新路,他有"周回(围)三十三里,水陆地二百六十五顷,含带二山,又有果园九处"(《宋书·孔灵符传》),他是陆地农耕、水上养殖、山上植林、果园开垦并举的人。而这样的人,在当时也只有在江南才有。当时的政府有点保守,说这样做不行,把他免了官,后来又说没事了,复了他的官。

侍从画像砖(南朝,河南邓州许庄村南朝墓出土)

江南地区面临大海，盐是那里的特色产品。盐的生产，在南朝的宋、齐、梁时期是允许民间私煮的。到了陈代，开始由政府征收煮盐的盐赋。当时吴郡的海盐（今属浙江）是产盐的重要地区。海盐那时到处都是盐田，也到处都有公私盐商。与盐业连在一起的还有钢铁业。在荆州和扬州都有冶炼钢铁的专门作坊，都是官办的，其中的工人都是罪犯，不少人戴着镣铐做工。

造纸业是服务于文化的产业，它的发展程度又是文化水准的标尺。我国的造纸业肇始于汉初，而到东汉时的蔡伦利用树皮、麻头、破布、旧渔网为原料造纸，造纸业进入了一个新时期，中国的经济和文化发展也开创了新局面。到东晋、南朝时，"蔡侯纸"的质量进一步得到了提高，除了继续利用上述原料造纸，还利用桑皮、藤皮造纸，这样使纸的成本更低，质量更高。据传，王羲之曾一次将会稽郡的九万张库存纸送给谢安。纸的消费量随着生产量的增大而增大。南朝的建康城中设有"银纸官署"，可见当时不只有造纸工场，还已经有了造纸的官方管理机构。梁元帝为湘东王时，曾"上武帝纸万幅"，又"特送五色三万枚"，这样看来不只纸的数量多，还已有了各种颜色的纸。南朝中晚期，造纸业不只兴盛于

青瓷印花带盖唾壶（南朝，湖南长沙出土）

江浙一带，在荆、湘、蜀中的广大南方地区也已经发展起来。

在经济发展的基础上，东晋和南朝时期涌现出了像建康、吴、京口、山阴、寿春、襄阳、江陵、成都、番禺这样的商业大都市。建康是东吴、东晋、宋、齐、梁、陈六朝的都城和文化中心。南朝时这座城市"贡使商旅，方舟万计"（《宋书·五行志》），已经成为国际化商业城市。它作为梁朝首都的时候，有二十八万户人家，有人以一户五口人推算，当有一百四十多万人口，是当时中国人口最多的城市，可能也是当时世界上最大的城市。建康在南朝梁时一派繁荣景象，秦淮河北的大集市有百余处，小集市有十余处。城市的四郊东至倪塘（今方山附近），西至石头城（今清凉山），南至石子冈（今雨花台），北至蒋山（今钟山），东西南北各二十多公里。梁武帝末年"侯景之乱"时受到破坏，但鉴于它在政治、经济、文化上的巨大作用，到南朝陈时就基本修复了。另外，南海郡的番禺，经东晋大规模扩建后，在南朝时也已成为超大型的国际商贸大都会，从番禺出发的商人，航行于南海与印度洋上，与南海、印度洋诸国进行贸易。天竺（今印度）、大秦（罗马帝国）、波斯（今伊朗）、师子国（今斯里兰卡）的商人常作客于番禺城，中国的商人也常从番禺出发航行至南海、太平洋、印度洋各国。番禺的商贸业带动了南方经济的发展，甚至有"广州刺史但经城门一过，便得三千万"（《南齐书·王琨传》）的说法。

南北朝各民族的政权和不断更替的王朝，尽管长期分裂对峙着，但是，为了自身的存在和稳定，为了政治、军事和经济发展

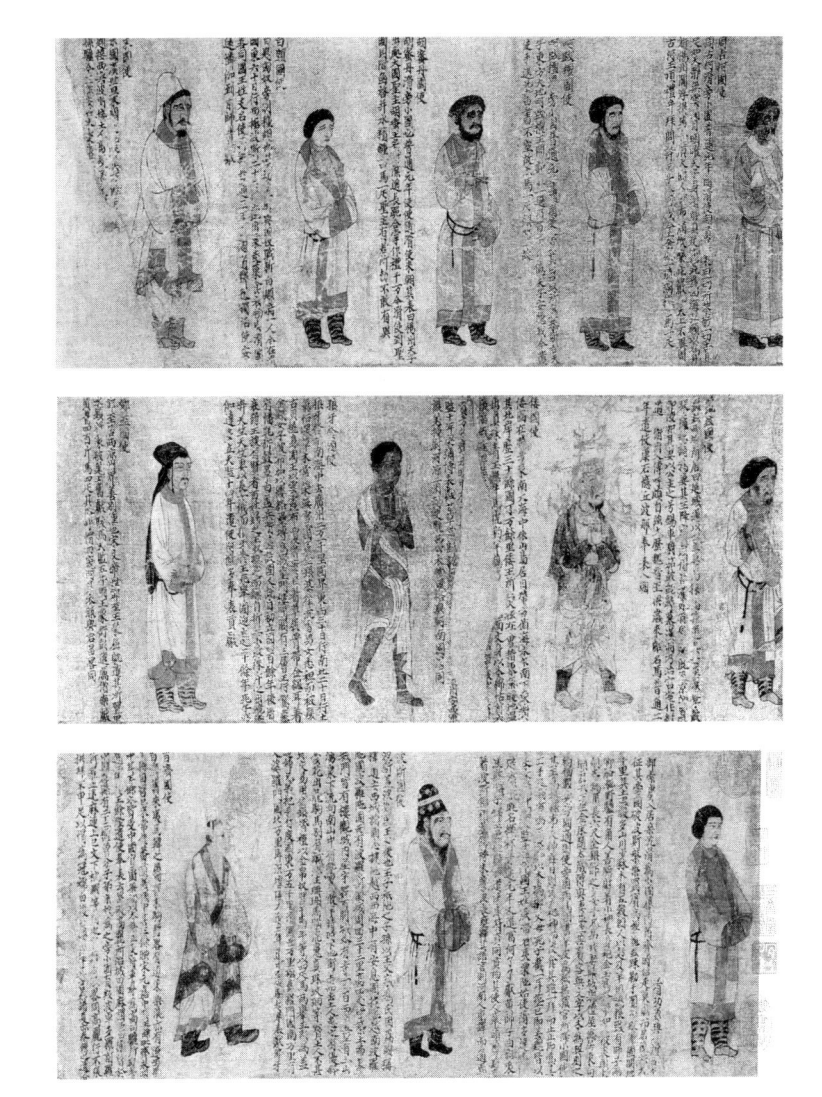

宋摹本《职贡图》。南朝梁元帝萧绎所绘《职贡图》，描绘了波斯、百济等十二国使臣像，原图不存，现为宋人摹本，藏于南京博物院。

的需要，它们大多采取积极主动的外交政策，除了丝绸之路，还开通了海上通道与世界各国开展交流。《职贡图》对此有真实的反映。绘者萧绎（508—554），即梁元帝，博学善画，尤擅肖像画。他是武帝萧衍第七子，了解朝廷与诸国的往来，加之其画风倾向于写实，故由他绘画的作品应该是真实的。此图又名《番客入朝图》，展现了南北朝时期国家间友好往来的繁盛场面。据《石渠宝笈初编》记载，《职贡图》原绘南朝梁时来朝贡的外国使臣像，共二十五人。今能见到的是北宋熙宁年间（1068—1077）摹本，已残损，仅存列国使者立像十二人，皆左向侧身，身后楷书榜题，疏注国名及山川道路、风土人情、与梁朝的关系、纳贡物品等。列国使者来自滑国、波斯国、百济国、龟兹国、倭国、狼牙修国等。在此图中，尽管使者们的站姿几乎雷同，但其个性特色勾勒清晰，或文静秀弱，或朴质豪爽，或机智慧敏，各具不同地域、不同民族、不同年龄的独特气质，使者们拱手而立、恭敬欣喜的情态也表露无遗。《职贡图》画像是了解南朝绘画艺术的珍贵资料，又是真实记录南北朝时期中外文化交流的历史画卷。

值得重视的是，南朝经济的突破性发展，不只对当时的人们来说具有实际的意义，也为隋唐的经济大发展、大繁荣，以及中国的南北又一次大统一，奠定了坚实的物质基础。

第九章

北方王朝的更替及统一大势

北魏的百年兴衰

东晋元熙二年（刘宋永初元年，420），南方的刘裕代晋建宋，东晋王朝覆灭了。十九年后，即北魏太延五年（439），北方的北魏拓跋焘率军消灭北凉，统一了北方。这样，中国进入了长达一个半世纪的南北对峙的"南北朝时期"。北魏政权长达百年有余，南方与其对峙的先后经历了宋、齐、梁三个王朝。

如果从鲜卑族拓跋氏的首领拓跋珪于北魏天兴元年（398）改元称帝算起，到北魏永熙三年（534）魏孝武帝被高欢赶出洛阳北魏灭亡止，这个王朝一共度过了一百三十多年的岁月。在这相当漫长的历程中，北魏王朝两起两落，其兴衰历程值得研究。

北魏政权是建筑在代国的基础上的。前秦建元十二年（376），前秦的苻坚轻而易举地灭掉了代国，鲜卑族

北魏道武帝拓跋珪雕像

的拓跋部无寸土立足。这时，年幼的拓跋珪在极为艰难的条件下开始了"兴灭国"的历程。他死后，继任的魏明元帝拓跋嗣以及第三代继任的魏太武帝拓跋焘，经过前后四五十年的努力，终于建立了一个强盛的北魏王国，并于太延五年（439）消灭北方的地方割据势力，统一了北部中国。

这是北魏王朝的第一度兴盛。

第一度兴盛的缘由何在？历史学家认为，首先此时的兴业者胸有大志。就拿拓跋珪来说，被灭国后，情形是十分危急的，但他有"高天下之志，兴复洪业，光扬祖宗"（《魏书·太祖纪》）的心愿，正是这样一种"兴复洪业"的高远之志，支撑着他奋勇前行。他先是积聚力量，后趁前秦亡国之际，成功复国，并从盛乐迁都平城，完成从游牧政权向中原王朝的转化。之后的明元帝和太武帝也始终没有忘记"兴复洪业"四字。经过近半个世纪的努力，北魏成了北方最强盛的国家，最后统一了中国北方。

第一度兴盛的另一原因是当时主政者制定和推行的政策比较正确。这些为君者能处理好民族关系，尤其能处理好与汉族之间的关系，学习汉族的先进文化。魏道武帝的第一谋士张衮是汉人，最得信任。张衮荐中原名士崔逞给他，也被重用。魏道武帝得并州（今山西太原）后，开始建立政府机构，刺史、太守、尚书郎以下的官一般都用有识见的汉人。魏大军攻打后燕的中山（今河北定州）城时，十分困难，军中又有流行病发生，将士中的鲜卑人逃掉不少，而汉人倒没有逃兵。下面一些人劝魏道武帝撤兵，他却说：有民就有国，"我不怕没有民"。他这里说的"民"，明

网纹玻璃杯（北魏，河北景县封氏墓群出土）。此为东罗马帝国的产品。

鎏金镶嵌高足青铜杯（北魏，山西大同南郊出土）。此杯的造型和装饰具有西亚或中亚风格。

显主要指汉人。那些汉人官员和将士听到这话，感动得不得了。

这三代国君的治军方略也是正确的。皇始二年（397），也就是攻下后燕中山城的那一年，拓跋珪定了一条法规："班赐功臣及将士各有差。"谁的军功大，谁就得益多。许谦从征刘卫辰部有功，受赏僮隶三十户。大将长孙肥屡建战功，受赏奴婢数百人，牲畜千头。王建有功，得杂畜数千头。这样做大大激发了将士的求胜欲望。

第一个兴盛期随着魏

西域人陶头像（北朝，河北景县封氏墓群出土）

太武帝拓跋焘被宦官杀死而告终,接下来就进入了第一个衰落期。

魏太武帝时国力盛极一时,他多少有点被胜利冲昏头脑,先是对柔然用兵,又对西域用兵,最后是对南朝的宋用兵。结果是被宋打败,魏太武帝也在内斗中丧命。北魏由此盛极而衰,由衰而乱。南安王拓跋余掌权,随即又被推翻。继位的魏文成帝在位十四年(452—465),是魏国衰弱的开始。汉族与鲜卑族、上层与下层的矛盾激化,而魏文成帝采取残酷镇压的手段。河间郡发生民变,魏文成帝亲征,镇压下去后,当地十五岁以上男子全被残杀,十五岁以下男子被当作生口(本意俘虏,后指奴隶)

持盾武士俑(北魏陶俑)

赐给随征官员,拓跋部的野蛮本性暴露无遗。民众的反抗也越来越烈。再后来是魏献文帝(465—471在位)当权,乱局不断。青州人封辩自号齐王,聚众起事。平陵人司马小君在山东起事,横扫千百里,根本不把官兵当回事。延兴元年(471),魏孝文帝继位伊始,天下还是大乱,朝廷最初想用重奖的办法解决社会矛盾,谁"平贼"的本领大,谁就可以当大官。结果一点都没用。太和元年(477),文明太后冯氏开始在政治、经济和社会风俗方面实施一系列重大变革。

北魏的第一个衰落期，如果从魏太武帝被杀的正平二年（452）算起，到魏孝文帝太和元年（477）在冯太后的支持下实行变革止，有二十多年的历史。这一段时间的衰落完全是人为造成的。汉族与拓跋部鲜卑人的合作是北魏政权的政治基础，在民族间产生矛盾的情

武士俑（北魏，内蒙古出土）

况下，当时的统治者不及时加以修复，必成大患。至于看到民变就粗暴地进行镇压，更是不可取。

北魏政权的第二兴盛期是魏孝文帝的变革时期。

孝文帝执政名义上是从延兴元年（471）到太和二十三年（499），共二十九年。但是，孝文帝初执政时只是个五岁的娃娃，一切事务皆由太上皇帝拓跋弘做主。揽政的太上皇对民众的反抗继续实施弹压的强硬政策，还发布政令，以弹压的"实绩"决定是否能升官和升多大的官。这样做不但没能解决问题，反而加剧了社会矛盾。据统计，从孝文帝即位的延兴元年（471）至太和四年（480）的十年间，有史可考的各地较大的暴动就有二十多起。

承明元年（476），太上皇帝拓跋弘被其母冯太后毒死，冯氏作为太皇太后临朝称制，次年开始实行大刀阔斧的改革。当时发布的文告强调"变法改度，宜为更始"，"故变时法，远遵

古典"(《魏书·高帝纪》)。在太皇太后的精心培育下,魏孝文帝成了中国历史上少有的异常坚定的社会改革家。这段历史时期也成为北魏历史上最光彩灿烂的时段。它的价值是永恒的,永远值得人们追念。从太和十八年(494)迁都洛阳到正光五年(524)六镇起义的三十年间,经济还是有很大发展的,洛阳重新展现了繁荣景象。魏孝文帝的变革后面有专节讲述,这里不多说了。

魏孝文帝去世后,北魏步入了第二个衰落期,直至灭亡。

虽然魏孝文帝的变革事业的历史性功勋是永远不会磨灭的,但继位的魏宣武帝宠任奸佞,国政大坏。他崇信佛教,养西域僧人三千余人,佛门大行,洛阳城中造五百余座佛寺,州郡造的寺庙有一万三千余座。他定价卖官,官吏贪污横行。延昌四年(515)魏孝明帝继位,更是无恶不作。孝昌四年(528),魏孝明帝被杀,魏孝庄帝立。新崛起的势力尔朱荣等杀魏百官两千余人,此时魏实际上灭亡了。

魏孝文帝的改革

在整个北魏一百多年的发展历程中,魏孝文帝的改革是最精彩的一幕。

太和九年(485),北魏政府颁布了均田制,迈出了魏孝文帝改革的第一步。当时农民失地的状况严重,形成了风起云涌的农民起义和农民暴动。魏孝文帝登极后的十年间，汉族和各族人民的联合大起义遍及全国各地。让民众有地可耕，组织农民发展生产乃是改善民生、防止民变的当务之急，是放在孝文帝面前刻不容缓的一个改革项目。

均田法规定，男子在十五岁以上，授露田四十亩；妇人授田二十亩。这是每年可实际耕作之良田。如果是实行二圃制休耕法的土地，则男子授田八十亩，妇人授田四十亩。如采取三年轮种一次的休耕法的土地，则男子授田一百二十亩，妇人授田六十亩。除这些规定外，朝廷还给予民众一定数量的桑田、麻田、宅田等，用以发展副业。除了"诸桑田皆为世业，身终不还"（《魏书·食货志》），所有授予民众的土地，其人年老免课或身死的时候，国家要收回土地，重新再分配。

奴婢和平民一样授田，奴四十亩，婢二十亩，但不给桑田。奴婢五人则给宅田一亩。奴婢是主人的依附者，他们没有独立的经济，他们的劳动所得，全归主人所有。奴婢也不用给国家服劳役。

在当时人少地广的情况下，实行均田应当说是没有问题的，天下有的是荒地，最重要的是要有人去组织分配耕种。北魏政府在这点上是比较认真的，"遣使者循行州郡，与牧守均给天下之田"（《魏书·高祖纪》）。让地方政府的行政领导（州牧和郡守）与均田的专使结合起来分配均田，这样就比较容易落实。同时，实行人口密集的狭乡向人口密度低的宽乡移民的措施。"乐迁者听逐空荒，不限异州他郡，唯不听避劳就逸。其地足之处，不得无故而移。"(《魏书·食货志》)这些措施对恢复和发展生产都是起了积极作用的。有记载说,当时"百姓殷阜,年登俗乐,鳏寡不闻犬豕之食,茕独不见牛马之衣"(《洛阳伽蓝记》卷四),这当然有溢美的成分,但不少农户因均田法而获利该是不争的事实。

太和十九年(495),即实施均田制后十年,魏孝文帝做出了一个对鲜卑贵族触动更大的动作——迁都洛阳。

从故都平城迁都洛阳是魏孝文帝下了大决心要做的一件大事。平城一带社会风气不良,"多游食之民",好吃懒做、游手好闲的人不少。那里的地理和气候条件恶劣,不适合当帝都。天寒地冻,六月飞雪,风沙常起,当时有人就作《悲平城》云:"悲平城,驱马入云中,阴山常晦雪,荒松无罢风。"更为重要的是,平城地近强悍的柔然族,时有被其包围和攻略的危险。而洛阳长期以来是中原政治和文化的中心,迁都洛阳既有利于鲜卑人学习华夏文化,又有利于让那些醉心于"中夏正音"的汉族士大夫真心地归顺于魏国。他思之再三,觉得迁都洛阳是上上之策。

魏孝文帝是个有心计的人,他善于制造舆论。太和十八年(494)五月,迁都已进入紧锣密鼓的关键时刻。他召集百官,宣称要让掌管宗庙礼乐的太常卿来占卜迁都的吉凶。占卜得的结果是"革卦"。魏孝文帝借此大做文章,说:"此是汤、武革命,顺天应人之卦也。"(《魏书·任城王传》)他是借上苍的权威来压制那些保守而不顺从变革的人。魏孝文帝这么一解释,当时谁都不敢说什么。

冯太后永固陵石券门及浮雕（北魏，山西大同出土）

但是，阻力还是很大的。贪图安乐、安于现状、守旧顽固的大有人在，就是魏孝文帝十分宠爱的太子恂也反对迁都。在被迫迁都洛阳后，太子恂还是情怀旧都。"深忌河洛暑热，意每追乐北方。"太和二十年（496），也就是迁都洛阳一年后，适值魏孝文帝出游嵩山（这里的"游"不是游玩，而是巡视），命令太子恂镇守在洛阳。这时太子恂以为有了机会，就"轻骑奔代（平城）"。魏孝文帝得到消息后，立即赶回洛阳，亲自杖责太子，并要群臣议罪。许多大臣都为太子恂说情，可是魏孝文帝认为迁都是国之大事，"此小儿今日不灭，乃是国家之大祸"（《魏书·废太子恂传》），立即下诏废太子恂为庶人。过了些天，见其毫无悔意，魏孝文帝就命人将他毒死了。这年的冬天，鲜卑贵族仍旧不服，他们中的元老级人物穆泰、陆叡联络镇北大将军元思誉、代郡太守元珍策划起兵谋反，"代乡旧族，同恶者多"（《魏书·于烈传》）。魏孝文帝知道实情后，派出任城王元澄前去镇压，自己也率军北巡，镇压了一大批反对变革的人，由此才基本上稳定了局面。

迁都成功以后，魏孝文帝加快了汉化的步伐，着重于改革鲜卑旧俗。他这方面改革的措施十分具体，主要包括以下几项。

第一，禁用鲜卑语。这有一个过程。在北魏初定中原时，作为统治民族当然提倡使用鲜卑语，就是汉人在北魏朝廷中为官的，也要学习鲜卑语，不能讲的，配有"传译"。但是，在与汉人的接触过程中，魏孝文帝体察到汉语言文字的先进性，感到有必要推广汉语。他曾对群臣说："今欲断诸北语，一从正音（汉语）。年三十以上，习性已久，容或不可卒革；三十以下，见在朝廷之人，语音不听仍旧，若有故为，当降爵黜官。"（《魏书·咸阳王禧传》）太和十九年（495）下诏："不得以北俗之语言于朝廷，若有违者，免所居官。"（《魏书·高祖纪》）王仲荦说："孝文帝是想通过消除鲜卑族和汉族在言语方面的隔阂，来逐步泯灭民族间的隔阂，以达到其汉化的最终目的。"[①]

---

① 王仲荦：《魏晋南北朝史》，上海人民出版社2003年版，第509页。

彩绘陶俑（北魏，河南洛阳元邵墓出土）。北魏孝文帝拓跋宏积极推行"汉化"改革，促进了民族融合。元邵墓多数陶俑身穿汉族服装。

魏孝文帝自己也说，这样做不是为了图一时的痛快，而是"传子孙百代"。

第二，禁胡服。这里说的"服"不单指衣服，它包括服饰、冠带、发式，总之囊括了穿戴文化的全部。拓跋氏来自塞外，其俗辫发左衽。开始建立魏朝的时候，一切都按原先的习俗行事。后来魏强大了，地盘上也据有了包括中原在内的广大地域，这时就有人对魏孝文帝说，以胡服为朝贺礼服不妥。他也感到不妥。太和二十年（496），魏孝文帝下令"禁胡服"，模仿南朝的朝服和宫廷服饰重新设计服装。从现存的魏孝文帝及其侍从的画像看，他们穿的完全是汉服了，其仪仗也与汉廷略同。

第三，改变祭祀礼。鲜卑历来有"祀天于西郊"的古老仪式。为了实现汉化，魏孝文帝于太和十八年（494）下令把这一仪式废除了，实行汉地帝王祭天的仪式。太和十九年（495）夏四月，"庚申，行幸鲁城，亲祠孔子庙"，"又诏兖州为孔子起园柏，修饰坟垄，更建碑铭，褒扬圣德"（《魏书·高祖纪》），还选孔子后代中的一人，封为崇圣侯。

第四，改官制。北魏初期，用的当然是鲜卑体制的官制，后来又是汉、鲜卑的称呼杂用。禁用鲜卑语后，还找不到一个行家能贴切地把鲜卑官制转换成汉官制。恰好在此时，南齐秘书丞王肃降魏。这是一个大学问家。王肃学富五车，才思敏捷，对答如流，很快被魏孝文帝引为知己，说自己得王肃犹如刘备之得诸葛孔明，并亲切地称之为"王生"。这位王肃在变革旧俗、创立新规上为魏孝文帝出了许多好主意，一整套汉化的官制据说大多出自王肃之手。

魏孝文帝的改革在魏晋南北朝历史上是一件大事。它加快了鲜卑族学习汉族先进文化、革除落后习俗的进程，扩大了汉文化在少数民族中的影响，有利于民族的融合。同时魏孝文帝的改革也把北方少数民族的文化带入了中原，为中原文化注入了新元素和新活力，同时也为国家重新统一创造了一定的条件。

由强而弱的东魏、北齐

自太和十八年（494）北魏迁都洛阳，到正光五年（524）"六镇起义"，前后三十年间，北魏的政治、经济总体上还是在平稳发展。在魏孝文帝改革的推动下，主流是不错的。就拿洛阳城来说，晋室南迁后已经破落不堪了，现在"凡此十里，多诸工商货殖之民，千金比屋，层楼对出"（《洛阳伽蓝记》卷四），城中还有西域胡商万余家。洛阳的在籍户数达到了十万九千余户。

但是，在表面繁荣的背后，危机正在酝酿。太和二十三年（499），魏孝文帝死，子恪即位，是为宣武帝。他以"宽以摄下"著称，这里说的"宽"，实质上就是对贪赃枉法者的无原则迁就，无所作为。延昌四年（515），五岁的孝明帝即位，母胡太后临朝。正光元年（520）宗室元义与宦官刘腾共同幽禁了胡太后，两人共执朝政，自此政治大坏，"帝族王侯，外戚公主，擅山海之富，居川林之饶"（《洛阳伽蓝记》卷四）。国力日益虚弱，人民生活贫困，直接导致了正光五年（524）的"六镇起义"。

这里简单介绍一下"六镇"。北魏初都平城，为了拱卫首都，建立了六个军事基点以防柔然，名为"六镇"。都城迁

陶骆驼
（北齐，山西太原张肃俗墓出土）

彩绘陶牛车（北齐，山西太原张肃俗墓出土）

甲骑具装俑（东魏、北齐时期，河北磁县湾漳墓出土）。此骑俑反映了当时战争中的骑兵形象。

至洛阳后，"六镇"地位下降，那些镇吏和平城旧贵心中当然不平。北魏末中央势力薄弱，六镇中的军人借故于正光五年（524）起事。六镇起义又引发了河北起义和山东起义。这些起事者中的一个叫尔朱荣的人控制了北魏政权。尔朱荣被杀后，其侄儿尔朱兆又带兵进京，杀魏孝庄帝，立节闵帝。尔朱荣的部将高欢又杀节闵帝，立孝武帝。永熙三年（534）孝武帝出逃投靠宇文泰，高欢就另立孝静帝，继而迁都于邺，东魏正式建立。

北魏王朝就这样在废了立、立了废的过程中灭亡了。

从北魏王朝灭亡的永熙三年（534），到隋王朝灭陈的隋开皇九年（589），总共不过五十六年的时间，在北方却产生了东魏、西魏、北齐、北周四个分裂的王朝，政局的乱象和短暂由此可见一斑。

北魏消亡后，在北部中国建立起来的第一个政权是东魏。

东魏一共维持了十七年（534—550），名义上保留着一个魏朝的皇帝，就是孝静帝，而实际上全部权力却操在宰相高欢手里。高欢是东魏王朝的实际建立者和统治者。

高欢的身世有点扑朔迷离，他曾自称是河北大族渤海高氏的后裔，但有时又自称是鲜卑人，对六镇降户中的鲜卑人讲话时也

军卒俑（东魏、北齐时期，河北磁县湾漳墓出土）

弹琵琶陶俑（北齐，山西寿阳库狄回洛墓出土）

瞳子造像碑（北齐，山东博兴出土）

一律用鲜卑话，这样他所属的族类在人们头脑中打上了一个大大的问号。①

高欢家是兵户，地位很低，他父母早亡，一直寄养在姐夫的家中，后来谋到了一个负责由边镇往首都洛阳送信的函使的小职位，但地位低，被人看不起。一次因为坐着吃饭而被上司痛打了一顿。这当然也是一种激励的力量，他要在这个大乱世中乘时而起。"六镇起义"后，他参加了以六镇兵民为主的河北义军，深得车骑将军尔朱荣的信任，步步高升，由亲信都督（卫队长），到军队的先锋，成为尔朱荣最得力的部将。后来他自立门户入京，立孝武帝为傀儡皇帝，自己当宰相。孝武帝不听话，逃走了，他就另立孝静帝，建都于邺，史称东魏。这个王朝有以下特点。

首先，东魏国祚十七年，始终存在着一个傀儡皇帝魏孝静帝。因为他的存在，其国号仍然称"魏"。登极时才十一岁的魏

---

① 学界关于高欢的族属莫衷一是，有的说他是汉人，有的说他是久居塞上的鲜卑化汉人，有的说他是鲜卑人，还有学者考出他的族属出于高丽。这些都是他自己位高权重之后对出身含糊其词造成的。

孝静帝，当时已经不用鲜卑姓，由拓跋氏改为元氏，称元善见。但真正当政和管事的是作为宰相的高欢，事无大小皆由高欢裁决。"帝好文学，美容仪。……嘉辰宴会，多命群臣赋诗，从容沉雅。"(《魏书·孝静帝纪》)高欢由着孝静帝寻欢作乐，就是不让他管事。

其次，东魏的腐败。高欢篡政后，认为洛阳是四战之地，不宜为帝都，竟挟持孝静帝及洛阳四十万户去新都邺城，根本不顾人们的死活。高欢是政治上的大暴发户，成了宰相以后就大肆挥霍，他的部属也跟着挥霍。有人要他管一管朝中的腐败之风，他强横地说："我怎管得了？"

再次，东魏的好战。东魏比由宇文泰创立的西魏要大，要强，据有今河南汝南和江苏徐州以北、河南洛阳以东的原北魏统治的东部地区，社会经济较富

"富贵万岁"瓦当
（东魏、北齐时期邺城的建筑构件）

黄褐釉兽柄盘口壶（东魏天平四年［537］，河北景县高雅墓出土）

庶，而西魏相对地域狭小。于是，高欢多次主动挑起战争，妄图统一北方。东魏虽强，但由于高欢政权的腐败和军事上的失算，屡战屡败。武定四年（546）高欢率十余万大军围攻西魏的玉璧（今山西稷山西南），苦战五十余天不胜，只好退兵。高欢在退兵途中病倒，死于晋阳。

武定五年（547），实际掌控东魏政权的高欢死去，其长子高澄继续掌权。不久，高澄遇刺身亡，弟高洋继任，任齐王。武定八年（550）四月，高洋通过迫使魏孝静帝禅位的方式取得政权，"诏归帝位于齐国，即日逊于别宫"。逊位的魏孝静帝也得到了优厚待遇，"封帝为中山王，邑一万户，上书不称臣，答不称诏，载天子旌旗"（《魏书·孝静帝纪》）。

一个新的王朝建立起来了，史称北齐。北齐历六帝，一共存在了二十八年（550—577）。它控制的地域有今河北、河南、山东、山西及苏北、皖北的广大地区。后高洋又向北、东北、西、西北、南方拓展，地盘大为扩大。高洋统治的时期，是北齐国力最强盛的时期。

在处理鲜卑族人与汉族人的关系上，政治统治大权在握的高氏一直在融合或对立这条绳索上走钢丝，而且始终没能取得应有的平衡。高欢的立场很明确，自己建立的是鲜卑贵族政权，自己所做的一切应维护鲜卑贵族利益。虽然他娶了汉人为妻，但他骨子里还是看不起汉人。他对鲜卑人说："汉民是汝奴，夫为汝耕，妇为汝织。"（《资治通鉴》卷一五七）高澄想打破隔离汉族与鲜卑族的那堵墙，用了一批汉人中的才盛之士，提出

"凡才名之士皆可用之"的想法,立即招致鲜卑勋贵的坚决反对。高洋当政后,对汉人处处提防。汉人杜弼心直口快,当着鲜卑人的面说"这些人只会骑马坐车"。高洋听了很不高兴,借故将他杀了。北齐政权晚期,高洋的嫡长子高殷是汉族皇后所生,高洋认为他生性软弱,没有鲜卑男子横刀立马的英雄气概,因此不太喜欢他。高洋死后,由高洋的嫡长子继位,高洋的弟弟高演根本看不起这个汉族女性生的孩子,便杀了新皇帝,自己称帝。

北齐政权基本上执行的是民族压迫和民族歧视的政策,它的衰弱就是这一政策反噬的结果。恩格斯说:"压迫其他民族的民族是不能获得解放的。它用来压迫其他民族的力量,最后总是要反过来反对它自己的。"①

在此不能不说说《颜氏家训》。作者颜之推祖籍琅邪临沂(今属山东),世居建康,生于士族官僚家庭。他初仕于梁,陈朝建立后,又先后仕于北齐、北周和隋。颜氏有家学传统,世传《周官》《左氏春秋》等儒学专门学术。他身处大变动的社会,对家庭教育的诸多感悟加以总结和梳理,其传世著作《颜氏家训》,就是他用儒家思想教育子孙的一部家庭教育教科书。这是他一生关于士大夫立身、治家、处世、为学的经验总结。后世称此书为"家教规范",还有人誉其为"古今家训之祖"。在《颜氏家

---

① 恩格斯:《流亡者文献》,见《马克思恩格斯选集》,人民出版社1956年版,第586页。

训》中,他要求子女"生不可不惜",珍惜生命的分分秒秒;他主张学习要从小抓起,"幼儿学者,如日出之光";他认为后生最可珍贵的是立志,"泯躯而济国";他认为教育子女要严字当头,"父子之严,不可以狎";他十分强调家教规范的重要性,"骨肉之爱,不可以简,简则慈孝不接",所谓"不简",就是要订立家教规矩。颜之推的家教家训理论,是衰亡中的北齐时代透出的一道文化亮光,其光芒千秋不灭。隋统一全国后,晚年的他被太子杨勇召为学士,不是偶然的。

《颜氏家训》书影

北齐政权执行民族压迫政策,最终受到损害的还是他们自己。国土面积比西魏、北周大,原本的经济基础也比西魏、北周好,但是,就是在这半个世纪里,东魏、北齐削弱了,衰亡了,而西魏、北周一点点强盛起来,为统一北方乃至全中国创造了条件。

转弱为强的西魏、北周

西魏的建立比东魏晚一年,它是在北方与东魏对峙的一个政权。

北魏永熙三年（534），孝武帝元修逃脱高欢的控制，来到长安，投靠宇文泰。第二年，宇文泰杀死孝武帝，立元宝炬为帝，史称西魏。

宇文泰是武川镇（今内蒙古武川西）人，其祖先出身于匈奴宇文部，因长期与鲜卑人杂居，逐渐鲜卑化了。

"天元皇太后玺"金印
（北周，咸阳市渭城区文物保护中心藏）

他生在一个有家教而富足的家庭中，在北魏末的大乱中投身军旅，成为出色的将领。他立魏孝文帝之孙元宝炬为帝，都长安。在夺取领导权这点上，他的手法与高欢略同，就是把一个傀儡皇帝捏在手里，不改变国号，让"魏"的名号在自己手里延伸下去，自己当宰相，成为国家实际的操纵者。

宇文泰在夺取权力的手法上虽然与高欢大致相同，但在治国的方略上却与高欢有明显差异。

宇文泰是真正负责地把西魏治理起来了。大统元年（535），他颁布了二十四条新政律令，后来增加至三十六条，其中有这样一些内容：严禁贪污、裁减官员、置立闾正保长制、实行屯田、制定户籍制度。大统七年（541）由魏帝颁发"六条诏书"，提出先治心、敦教化、尽地利、擢贤良、恤狱讼、均赋役六项治国方略。宇文泰组织官员学习这六条，规定不懂得这六条的人不能当

陶文武官俑（西魏，陕西汉中出土）

官。他提倡清廉、勤奋、大公无私，反对以公肥私，反对贪赃枉法。河北太守裴侠，"清慎奉公，为天下之最"，宇文泰给他厚赏，让他进朝面君时另立一行，以示特别的尊重，他由此被人称为"独立君"。可是，谁要是犯法，宇文泰就严惩不贷。宇文泰的一位内兄贪赃枉法，宇文泰不顾族人的求情，照样将他处以极刑。这样一来，朝廷中的歪风邪气就被消除了。

大统十六年（550）前后，宇文泰建立了府兵制。初创时的府兵制是仿效鲜卑拓跋部早期部落制的一种兵制。早期拓跋部每一个成年人都既是生产者，又是战士，统一归部落酋长率领。宇文泰创立的府兵制是从早期部落兵制演化来的。当时据说有二十四开府，同一开府的人都是经过精选的强悍士兵，"所统军人，亦改从其姓"（《周书·文帝纪》）。这里有两个特点：一、通过

"改从其姓"增强同姓的准血缘的认同，以提高凝聚力；二、府兵不编入民户，是世代相传的军户，社会和经济地位比常人高一些。这是一种强化士兵战斗力的措施。府兵制在中国历史上推行两百多年，有其必然之理。

宇文泰在民族关系上也力求寻找到一个大家都能接受的平衡点。他既不同意完全汉化，也不同意完全鲜卑化。他想用军事上的鲜卑化和政治上的汉化相结合来调和矛盾。西魏恭帝元年（554），宇文泰宣布将北魏孝文帝时改姓元的鲜卑人重新改姓拓跋，一些汉人高官也被赐鲜卑姓。同时，规定在所有领域中都不排斥汉人，包括军队。有人统计，在府兵的高级将领中，汉人占了四分之一。他还让汉人中的佼佼者苏绰、卢辩依照《周礼》改定官制。

宇文泰治理西魏是认真的，也收到了一定实效。西魏的社会比较安定，国力逐渐强盛。在东、西魏的对决中，西魏后期常常是较为主动的一方。

西魏恭帝三年（556）宇文泰病死，时年五十二岁，政权落到了他的侄子宇文护的手中。第二年，宇文护迫使西魏恭帝禅位给宇文泰的儿子宇文觉，而他自己总揽大

北周武帝宇文邕像

权,改国号为周,史称北周。武成二年(560),宇文护又立宇文泰第四子宇文邕为帝。建德元年(572),宇文邕诛杀了长期专权的宇文护,独掌朝政。宇文邕就是雄才大略的北周武帝,他在诛杀宇文护之后,便在政治、军事和经济领域进行了大刀阔斧的改革,使北周国势日益强盛。

北周武帝在军事上的改革最着力,也最有实效。这项改革有两个亮点。一是把兵权,尤其是府兵的统领权收归皇帝,"改军士为侍官,募百姓充之"(《隋书·食货志》),这样原先府兵制下的"军士"一律改为皇帝的"侍官"了。这一改可不是小事。原先的"军士"是服从于将帅的,军权在将帅手中,现在改了,明确规定天下的一兵一卒都是皇帝的"侍官",也就是侍从、听命于皇帝的。这样一来,原来的八柱国也好,十二大将军也好,只有在带兵出征时才有对军队的指挥权。在任何条件下,皇帝都是军队的最高统帅。这一条把军队的从属关系明确了。二是明确了府兵的招募范围。在一段时间内,强调的是从鲜卑人中征募府兵,北周武帝扩大了征募范围,打破了"鲜卑人当兵、汉人种地"的成规,使汉人也可以参军。这也为民族融合、国家统一创造了条件。

另外,北周武帝在经济上也进行了强有力的改革。他对均田制和租调制进行了重申和修改,规定已娶的男子授田一百四十亩,未娶的男子授田一百亩;自十八岁到六十四岁的百姓都要交租调,已娶的男子每年交绢一匹、绵八两、粟五斛,未娶的男子减半;十八岁到五十九岁的百姓都要服役,服役的天数要由农田的年成状况来定,年成好服役多,年成差服役少;把以前由于被俘而沦为奴婢的人放免为民，使他们获得人身自由。此外，他还兴修水利。这一系列措施使北周后期的农业生产得到了很好的恢复。

北周强大起来了。周武帝把目光转向了东部的北齐，转向了大江南北。周武帝作为军队的统帅，"征伐之处，躬在行阵"，他的身先士卒和勇敢精神是出了名的。他带动了将士，"能得士卒死力"（《周书·武帝纪》）。

一场消灭北齐的战斗打响了。建德四年（575），周武帝亲率六万大军征齐。攻下河阴外城（今河南洛阳市孟津区东）后，又进而围攻金墉城（今河南洛阳市孟津区平乐镇），因为他在战斗中突然患病，不得已退军。第二年，周武帝又一次率军伐北齐。齐军不堪一击，节节败退。经过几度激战，建德六年（577），北周灭北齐。这样北方在分裂四十多年后又归于统一了。

灭齐后，北周的国力达到了鼎盛。从宇文泰经营关西，到北周武帝灭齐，前后四十来年，北周的政局一直比较稳定，即使在后来周武帝进行种种改革的岁月里，局面也一直是平稳的，百姓是拥护这样一个政权的。以这样一个政权为轴心来统一全国，似乎已是指日可待的了。但是，由于北周武帝突然去世，局面马上发生了重大的变化。

统一大势：杨坚建隋代周

正当全国上下的民众都指望北周能统一南北的时候，北周王朝却突然发生了变故。宣政元年（578），一代英主北周武帝突然病故，年仅三十六岁。他的去世，竟成了这个王朝由盛而衰的转折点。

北周武帝过世后，按照中国皇位继承的传统，传位给了太子宇文赟，这就是北周宣帝。这是个胸无大志、游手好闲、无事生非的浪荡子。为此，武帝生前伤透了脑筋。为了促使他改邪归正，武帝还多次动用了家法，想通过严加管束使之重新做人。宇文赟是个无志向、有城府的小人，在父亲重责痛打之下也会认错，但一转身依然故我。从史书上看，北周武帝是患急症去世的，不然，他应该会对这样的逆子予以处置。周武帝死了，百官悲痛万状，太子却一点也没有悲痛的情状，史书上有一段令人发指的记述："大行在殡，曾无戚容，扪其杖痕，大骂曰：死晚矣！"（《资治通鉴》卷一七三）原来他对父亲的训诫是心怀不满的，他早就希望父亲快快死去了。史家记下这样一段故事，要人们记取什么，读者诸君是会领悟的。传位给这样一个无耻之徒，真是历史的大悲哀、大悲剧。

周武帝病重之时，火速召回了重臣宇文孝伯，授以总宿卫之职。很明显，武帝怕的是他故去后京城发生内乱。可是，宣帝刚即位，就要杀害平时对他严加管教的齐王宇文宪，并要宇文孝伯助他一臂之力。宇文孝伯不从，说："先帝遗诏，不许滥诛骨肉。齐王是你的叔父，是社稷之臣，你如果无故杀他，你就是不孝之子了！"宣帝不听，纠集一些人不仅杀了齐王宇文宪，还杀了曾劝武帝易储的重臣王轨。

周宣帝暴虐荒淫，嬉游无度，滥施刑罚，任用宦官，监视众臣，朝中官员，人人自危。直臣京兆郡丞乐运冒死进谏，历数宣帝事多独断、穷奢极侈、劳役下民、杜绝言路等"八大罪状"。宣帝看到谏状大怒，要杀乐运。大家都不敢出来说话，唯有内史中大夫元岩出来说话，一番诤言说得宣帝无话可说，最后只好把乐运放了。

周宣帝感到在帝位上还是不自在，做了一年皇帝后就不想做了，北周大成元年（579）就将皇位传给了只有七岁的太子宇文阐，只有二十岁多一点的宇文赟就舒舒服服地当起太上皇来了。从此他就更加荒淫无度了，从早到晚都泡在酒色之中。这个恣情声色的太上皇，又过了一年多一点时间就一命呜呼了，死时只有二十二岁。

七八岁的周静帝当然还不懂事，这样，北周的大权就落到了宣帝的皇后杨氏之父杨坚的手里。

杨坚何许人也？原来他是北周的开国元勋杨忠的儿子。杨忠因功高而被封为隋国公，杨坚继承了父亲的爵位。宇文泰、周武帝几代人对杨坚都很器重。周宣帝死后，杨坚以杨皇后之父的身份得以辅政，渐渐大权独揽。杨坚巧妙地制服了有实权的北周诸王，平息了北周旧臣王谦、尉迟迥的武装暴动，最重要的是采取一系列措施革除了周宣帝造成的弊政。这样，北部中国的政治局势稳定了下来，经济也得到了恢复和发展。一个杨坚治理下的、面目全新的北周展现在人们的眼前。

北周大定元年（581），北周的静帝禅位给相国杨坚（即隋文帝），北周亡。杨坚定国号为隋，改元开皇。开皇三年（583）建都大兴城（今陕西西安）。开皇七年（587）消灭了后梁政权。

此时，在江南只有陈王朝偏居一隅了。长期以来，陈王朝是弱小的，而相对来说地方势力较为强大。到了末帝陈后主时代，赋役苛重，民不聊生，而陈后主却住在华丽的宫殿中过着极为奢侈的生活。

隋开皇八年（588）隋文帝下诏伐陈。开皇九年（589）正月初一，陈后主在游乐和狂欢了一整晚后，又昏睡了一整天，直至黄昏。而正在这一天，隋文帝的大军挥师南下，渡过了长江。二十日，隋军进入建康城，陈后主投井避兵。二月初，隋灭陈，全国复归于统一。

第十章

道教的形成与改革

道教的形成及广泛流传

　　道教是中国土生土长的宗教。原始道教形成于东汉晚期，开始时流行于民间，往往被用于反政府起事。道教表面上推崇老子，尊他为祖师爷，称他为"太上老君"，其实道教后来的教义，和代表老、庄思想的道家学说有很大差异。"老、庄思想崇尚自然，主张无为，提倡清心寡欲，反对人为的束缚。……道教却不然，就是相信天上是有神仙的，道教徒修持的目的，就是追求白日飞升，上天界去当大罗神仙。所以道教和道家并无密切的关系，它反而和商周的巫师、秦汉的方士神仙家之说，非常接近。"[①]原始道教的经典《太平经》内容复杂，既有维护统治者的理论，又有反映民众利益的思想。

　　东汉末年"五斗米道"创教人张道陵创立道教正一派，百姓称张道陵为"张天师"，所以道教正一派又叫天师道。

　　到了东晋初年，道教徒从数次教徒起义引发的社会大动荡和

---

① 　王仲荦：《魏晋南北朝史》，上海人民出版社2003年版，第737页。

深重灾难中获得了感悟,即用群体性的武装暴动形式来追求太平世界、长生不老是不行的,应改为个体性的修仙炼丹、努力成仙。此时葛洪(283—363)应运而生。他避乱而归乡里,一再拒绝朝廷的征召,后以年老欲炼丹以祈遐寿,遂到罗浮山炼丹。他在山中隐居多年,优游闲养,著有《抱朴子》一书,在理论上改造了原始道教。据《抱朴子·自叙》所言:"其内篇言神仙方药、鬼怪变化、养生延年、禳邪却祸之事,属道家。其外篇言人间得失,世事臧否,属儒家。"由此看来,"葛洪的所谓道家,实际上和老庄关系不大,严格说来是神仙家。其外篇据他自己说是儒家,实际上是儒家兼刑名家"。[①]葛洪又说:"道者,儒之本也;儒者,道之末也。"(《抱朴子·明本》)即认为神仙和儒学两者并不矛盾。如何才能成仙?这是葛洪的重大论题。他认为:"草木之药,埋之即腐,煮之即烂,烧之即焦。"因此,"服草木之药,可得延年,不免于死也。"而黄金和朱砂二物,"丹砂烧之成水银,积变又还成丹砂",据他说此"能令人长生","寿无穷已,与天地相毕"。(《抱朴子·金丹》)他还说,凡人吃了"九转仙丹",三天之内便可白日飞升。经过如

---

① 王仲荦:《魏晋南北朝史》,上海人民出版社2003年版,第741—742页。

此改造和宣扬，养生成仙成了道教思想的核心之一。此说具有极大的吸引力，连皇帝也着迷了。东晋哀帝"雅好黄老，断谷，饵长生药，服食过多，遂中毒，不识万机"(《晋书·哀帝纪》)。其实，道教不只是求长生的方术之教，还有一套哲学理论，是以"道德"教化天下为己任的理论，葛洪明确指出："夫道者，内以治身，外以治国"，"欲求仙者，要当以忠孝、和顺、仁信为本。若德行不修，而但务方术，皆不得长生也"。(《抱朴子·对俗》)仁信为本、德行为上，这是儒家学说的精粹，而追寻长生不老之术，又是方术家的宗旨。葛洪的道教理论，实际上杂糅了儒、佛思想。

《抱朴子》书影

陶弘景（456—536）比葛洪晚生一个半多世纪，他从小就迷恋于葛洪的神仙、炼丹之术，是继葛洪之后的又一位道教大师。他博览群书，尤精于天文、地理、历算之学，之后隐居于句容句曲山（今茅山）修道。他游历名山，寻访仙药，又从东阳道士孙游岳受符图经法，撰写了大量的道教著作，并对天文、地理、养生、炼丹等都有所著述，其中代表作有《真诰》和《真灵位业图》两书。梁武帝早年便与陶弘景相识，即帝位后多次敦促他出山为官，辅佐朝政，均未果。梁武帝问他："山中有什么？为什

《真诰》(局部书影)

么不出山呢？"陶弘景先写了一首诗，后画了一幅画以作回答。诗的题目为《诏问山中何所有赋诗以答》，诗云："山中何所有？岭上多白云。只可自怡悦，不堪持寄君。"画中有两头牛，一头在安逸自在地吃草，一头戴着金笼头，却被执鞭人驱赶着。梁武帝看了诗和画，明白其意，便不强其所难。此后，梁武帝对陶弘景更加推崇。陶弘景对梁武帝的政务予以多方面的支持，梁武帝对陶弘景也非常倚重，"每有吉凶征讨大事，无不前以咨询，月中常有数信，时人谓为'山中宰相'"（《南史·隐逸·陶弘景传》）。当时王公贵戚"参候相续"，对陶弘景的干扰极大。后来，他干脆在山中兴建了一幢三层的楼房，"弘景处其上，弟子居其中，宾客至其下"（《梁书·处士·陶弘景传》），关门读经，与世无争。

陶弘景在著述和为梁武帝提供的咨询中阐明了他的道家思想。他主张"自然无为"，对自然的博大、巧妙充满无限的崇拜，认为对世间的一切事与物都要顺其自然，人要与自然相互包容。早期道教也是这样，张道陵的五斗米道要人们崇拜天、地、水三宫。陶弘景十分重视道教养生学的研究，主张道士的修炼应从养神、炼形入手，撰写了《养性延命录》一书。他特别强调，养神当"少思寡欲"，"游心虚静，息虑无为"，调节喜怒哀乐情绪，防止劳神伤心；炼形则要"饮食有节，起居有度"，避免过度辛劳和放纵淫乐，辅以导引、行气之术，方能延年益寿，长生久视。

这些改革使道教更加成熟。道教徒的最高目标，就是活着成仙，而不是死后回到神的左右，这与其他宗教思想形成了鲜明的反差。道教追求的是现世的解脱，而不是来世超生。作为宗教神学的道教，经历了从民间宗教逐渐走向被统治层承认、尊奉的宗教的过程，皇帝加入了信徒行列，政府也设立道教机构，允许其建立道观和拥有田产。统治者看重的是道教能够积极引导人们向善，在民众中具有极大的影响力和吸引力，所以予以承认和支持。

寇谦之、陆修静对道教的改革

在两汉时期，道教还处于原始形态。东汉末黄巾起义，就以道教作为发动群众的工具。黄巾起义失败后，原始道教发生了变化，其中一个流派以符水道术为人"消灾灭祸"，继续在民间传播。另外一派专以炼丹、修仙为务，在统治阶层中广为传播。南北朝时期是道教进一步充实完善的时代，也是道教走向成熟的时代，出现了众多的道教改革家、理论家，他们的活动对后世道教产生了重要的影响。

对北方天师道（五斗米道）进行改革的代表人物是北魏的著名道士寇谦之（365—448）。据《魏书·释老志》载，寇谦之"少修张鲁之术"，为五斗米道教徒，后又师成公兴，随其入嵩山修炼，隐居石室，采药服食。太武帝即位后主张利用汉人，实行汉制治国，因此得罪了部分鲜卑贵族，太武帝迫于众议，让崔浩暂时去官回家。此时，崔浩想借助寇谦之的道教之力，影响太武帝继续实行汉化主张。于是，崔浩上书极力推荐寇谦之，先赞太武帝圣德清明，再捧寇谦之如神如仙，莅临北魏，为上天之吉兆。太武帝见奏非常兴奋，即刻遣人将"天师"接到宫中，并派人去将寇谦之在嵩山的弟子接到平城。寇谦之在宫中讲经论道，深得太武帝的器重。寇谦之居"帝师"之位，便宣称遵老君训诫改革天师道。同时，考虑到大魏治国必须用儒学，自己不擅于儒，

王阿善造石像正面（北魏孝昌三年）　　王阿善造石像背面（北魏孝昌三年）

而崔浩"博览经史，阴阳五行，百家之言，莫不精通"[1]，便去求助，这就大大弥补了寇谦之自己在儒学方面的不足。崔、寇二人用儒道治国的方略，在朝中逐渐得到了落实。

寇谦之在嵩山修道三十年。他以儒家的礼仪规范为基础，"专以礼度为首"，吸取儒家五常（父义、母慈、兄友、弟恭、子孝）观念，融合儒、释的礼仪规诫，对天师道进行了一番较为彻底的改革，建立了比较完整的道教教理教义和斋戒仪式。

北魏神瑞二年（415），寇谦之宣称太上老君降临嵩山，授予他"天师"之位，赐《云中音诵新科之诫》二十卷，传授导引服气口诀诸法，并命他"宣吾新科，清整道教"。寇谦之对道教进行改革的主要措施有以下几项。

一、禁止利用天师道犯上作乱，务必以忠孝等儒家道德规范为道士的行为准则。

二、废除以前天师道征收租米钱税的制度。

三、废除五斗米道原有的二十四治名称，规定道教信徒不得随意改投道官，道官招收弟子应先考察三年等。

四、修订戒律、科仪，并编撰《老君音诵戒经》二十卷，将诵习道经的方法由直诵改为乐诵，即诵经时用音乐伴奏。

五、废除道官职位的世袭制度，唯贤是授，信守持戒。

六、建立帝王受箓制度。

---

[1] 孙丹枫：《一口气读懂道教的故事》，民主与建设出版社2012年版，第157页。

北魏泰常八年（423），寇谦之又称老子玄孙李谱文降临嵩山，亲授《录图真经》六十余卷，赐以劾召鬼神与金丹等秘法，并嘱其辅佐北方"太平真君"（北魏太武帝拓跋焘）。次年，寇谦之亲赴魏都平城献道书于太武帝，得到朝廷重臣崔浩的帮助，帝赐其于京城东南建立新天师道场，重坛五层，遵其新经之制。太延六年（440），太武帝听从寇谦之的建议，改年号为太平真君，后又亲至道坛受箓，成为道士皇帝，并封寇谦之为国师，道教一度成为北魏的国教。经过寇谦之改革，道教摆脱了原始宗教的粗陋和浅薄，得到北魏朝廷的支持，进入了朝廷殿堂，寇谦之成为一代宗师。由此，北方天师道被称为新天师道或北天师道，在北方大为兴盛。

继寇谦之之后，南朝刘宋时，又有庐山道士陆修静（406—477）对南方的天师道进行了改革。

吹笙引凤画像砖（南朝，河南邓州许庄村南朝墓出土）。浮丘公为仙人，而王子乔则是周灵王的太子。王子乔好吹笙，一次到伊洛游玩，遇上浮丘公，一起骑鹤上嵩山。此则故事切合当时人追求仙道的心态。

陆修静自少修习儒学，爱好辞章，年长后弃家入云梦山隐居修道。宋明帝（465—472在位）时，陆修静将搜集的道书（其中有上清、灵宝、三皇各派的经典）加以整理甄别，鉴定其中经戒、方药、符图等一千二百二十八卷，分为"三洞"（即洞真、洞玄、洞神）。泰始七年（471），他又撰定《三洞经书目录》，这是我国最早的道教经书总目，奠定了后世纂修《道藏》的基础。他还在总结天师道原有的各种斋仪的基础上，进一步完善了道教的斋醮仪范，以适应道教发展的需要。陆修静编著有关斋醮仪范的著作多达一百余卷，基本上完成了道教的科仪，不仅充实了道教理论，而且制定了一套仪规，使道教更具宗教形式。在组织制度方面陆修静提出了一套较完整的方案，如进一步健全"三会日"制度，建立和健全道官祭酒依功受箓和按级晋升制度，始创服饰规范，等等。经陆修静改革后的南方天师道被称为南天师道。

寇谦之和陆修静等人，对南北方的道教教义与修炼方法的改革，更加系统地阐发了道术和理论，全面整理了仪式与典籍，使之成为成熟定型的宗教，这也为道教的发展开辟了新途径。①

寇谦之像

---

① 罗宗真：《魏晋南北朝：分裂动荡的年代》，上海辞书出版社2001年版，第96页。

第十一章 佛教传入与佛教中国化

佛教传入及传布

佛教原来是流行于五天竺一带（古印度）的宗教。其创始人佛陀认为"一切皆苦""诸行无常""诸法无我"，主张成佛，即解脱忧喜苦乐，使精神升华到一种绝对安乐宁静的寂灭境界。

佛教于两汉时期传入中国西北部的龟兹（今新疆库车一带）、于阗（今新疆和田一带）等地。魏晋之时，清谈玄学之风盛行，当时佛学思想刚开始在中国内地传播，许多西域僧人沿着丝绸之路进入中国中心地带，使佛学思想"从玄学思想的附庸地位逐渐发展起来，最后玄学思想反而成为佛学思想的附庸了"。①

当时佛教传播中心主要有

法显像

---

① 王仲荦：《魏晋南北朝史》，上海人民出版社2003年版，第762页。

三处：一是在凉州（今甘肃武威），二是在长安，三是在庐山。凉州地区是西域僧人来到中原之前的中转站，不少僧人先在那里学习汉语并翻译佛经，为进一步传播佛教做准备。佛教僧徒对般若学说理解不一，这也是由于中土译出的佛经太少，又不能确保译文质量，因此僧侣们相当迫切地希望西行取经和大规模地从事传译。在取经的僧侣中，影响较大的是法显。

法显（约337—约422），东晋十六国时期的著名旅行家、翻译家、僧人。他是中国僧人西行取经的先行者。隆安三年（399）他从长安出发向西，历尽艰险，终于到达天竺，取得《摩诃僧祇律》《方等般泥洹经》等佛教经典，并学会梵文、梵语，还到师子国（今斯里兰卡），又得到了一些经籍。此后，法显乘商人大

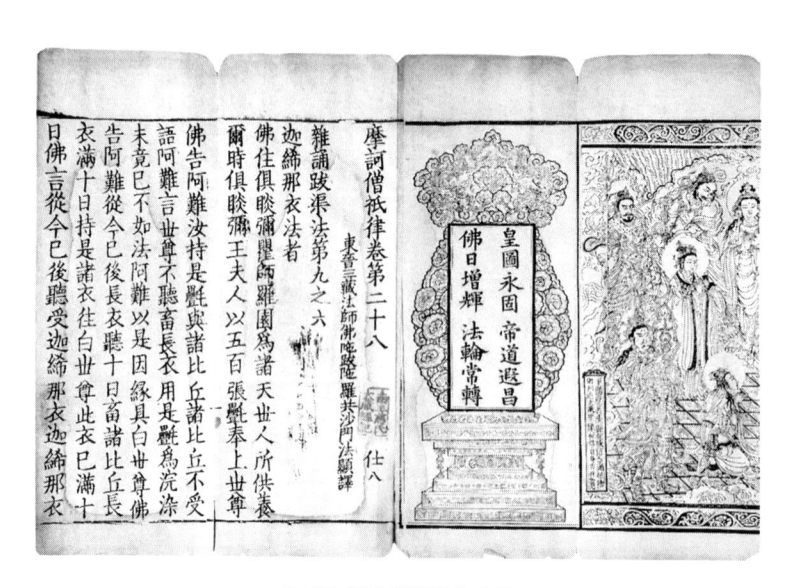

法显译《摩诃僧祇律》书影

舶归国，途中遇暴风，漂流九十多天后到了耶婆提国（今印度尼西亚的爪哇岛或苏门答腊岛）。他在那里停留了近半年，再转乘别的商船去广州。不料途中又遇大风，船舶随风漂流，船上水尽粮绝。东晋义

法显《佛国记》书影

熙八年（412），这艘商船漂流到达青州长广郡牢山（今山东青岛崂山）南岸。法显从离开长安直到回国，前后共十三年零四个月的时间，游历了三十余国，经历了种种磨难，也搜集了大量的佛教早期的文献。法显先回长安，后南下建康，在道场寺与佛驮跋陀罗合译佛教经籍。他还记述旅行经历，撰成《佛国记》。

法显对中外文化交流与中国佛学发展做出了重大贡献。在佛教传入中国的历史上，法显开辟了一个新时代。在法显之前，主要是佛教发源地的传教者来华传教，还没有中国人去佛教圣地取经的。法显是西行取经的中国第一人。正如汤用彤先生说的："海陆并遵，广游西土，留学天竺，携经而返者，恐以法显为第一人。"[1]

佛教在中国的传布路线，基本上是由西向东，由西域经丝绸之路进入凉州，尤以敦煌最为蓬勃，然后进入关中的长安。北魏

---

① 汤用彤：《汉魏两晋南北朝佛教史》，中华书局1983年版，第271页。

君主崇佛，佛教又在北方的平城及洛阳大为盛行。随后僧侣又在江南弘扬佛教，形成了庐山、建康等南方佛教中心，并以此为中心再传布各地。

译经与佛教中国化

佛经的翻译，实际上就是对佛教思想的理解、介绍与阐发。译经与佛教的中国化大有关系。有了准确而通俗的译本，才能让佛经得到普及，使佛教得以广泛传播。提到译经者，自然要说鸠摩罗什，他生于龟兹，是著名佛教学者和翻译家，与真谛、玄奘、不空并称为四大佛经翻译家。鸠摩罗什一生翻译佛经七十余部，共三百多卷。

鸠摩罗什不仅记忆力超群，悟性也非凡，小时候就被称为"神童"。他很快从一个只追求个人修行解脱的小乘佛教徒，变为一个要普度众生、成佛度世、建立佛国净土的大乘高僧。成为佛门大师后在龟兹国传法二十

鸠摩罗什雕像

《法华经》残卷（晋代，中国国家博物馆藏）

铜佛像
（后赵，旧金山亚洲艺术博物馆藏）

白石佛龛造像
（北周，陕西西安北郊出土）

高善穆石造像塔（北凉，甘肃酒泉出土）

《增一阿含经》残卷
（北魏，中国国家博物馆藏）

年。在龟兹王室的大力支持以及四方僧众的传播下，鸠摩罗什声名远扬。

　　前秦建元十八年（382），开始经营西域的苻坚派大将吕光带领精兵十万、铁骑五千进军西域，其中一个重要目的就是迎取"西域圣人"鸠摩罗什，借助佛教的力量巩固他在北方的统治。吕光攻破龟兹，俘获鸠摩罗什，回师据有凉州，鸠摩罗什滞留凉州十八年，得以通晓汉文，由此开始了他向中原传教的历程。后姚兴出兵破后凉，迎鸠摩罗什到长安，住草堂寺。信奉佛教的姚兴以国师之礼相待，专辟逍遥园为译场，请鸠摩罗什担任译主。此时佛教在中国虽然广为传播，但由于语言方面的障碍，佛经的翻译出现了停滞不前的局面，中原佛学需要更为流畅的佛经译本。

彩绘石雕释迦立像（北魏， 贴金彩绘菩萨立像（北齐， 贴金彩绘佛立像（北齐，
山东青州龙兴寺遗址出土） 山东青州龙兴寺遗址出土） 山东青州龙兴寺遗址出土）

精通梵文和汉语的鸠摩罗什正好承担了解决难题的重任。当时鸠摩罗什发现《大品般若经》在翻译上有诸多问题，在把握佛教真理方面有误导之处。他决定重新翻译。当时鸠摩罗什翻译梵本，姚兴就根据竺法护的"旧译本"与他逐字逐句地相互对照。以鸠摩罗什的弟子僧契、僧迁、法钦等为主体的八百僧人，一边共同听鸠摩罗什译出的新经，一边互相切磋。在他们的共同努力下，新译本的每一句译文都能文气通顺，更加符合原意，也切合文法和中原风俗。通过此经的翻译，也培养和训练了一批翻译者。

鸠摩罗什改以往的直译为意译，不拘泥形式，而注重对经义的正确传达和表述，同时讲究流畅通俗，让诵习佛经者能够理解和接受，从而使佛经传播更方便、更广泛。他与弟子译成《大品般若经》《法华经》《维摩诘经》《阿弥陀经》《金刚经》等经和《中论》《百论》《十二门论》《大智度论》《成实论》等论，系统介绍龙树中观学派的学说。所译经论影响很大，其中"三论"(《中论》《十二门论》《百论》)为三论宗主要依据；《成实论》为

无量寿佛龛（十六国·西秦，甘肃永靖县炳灵寺第169窟）

成实学派主要依据;《法华经》为天台宗主要依据;《阿弥陀经》为净土宗所依"三经"之一。著名弟子有道生、僧肇、道融、僧叡,人称"什门四圣"。译经对于佛教中国本土化起了极大的作用。这个时期僧众激增,佛教信众之多是空前的。西晋时只有僧尼三千七百人,到南朝梁武帝时竟然增加到十万。北魏太和初僧尼不到八万人,末期增到二百万人,北齐、北周时达三百万人。北朝时期曾两度"灭佛",也未能遏制寺院势力的扩张。

佛教石窟寺院兴盛

魏晋南北朝时期,佛教风靡全国。佛教重视禅修,即僧人习禅修法,要选择一处远离尘世的幽静之地进行,所以深山茂林且与溪河相邻之风水宝地,成了最佳的开辟石窟寺的地方。一时间,开山凿窟与雕塑佛像成为佛教信奉者的重要实践。在他们心目中,修寺造像是积聚功德的行为,借此可以追求来世的幸福。修禅与石窟佛像有着密切的关系,僧人

云冈菩萨(北魏,云冈第18窟)。原刻左胁侍菩萨立像与众弟子群像,经久风化,躯体不同程度消蚀了,唯头部保存完好,看上去像从石壁里浮现出来似的。

坐禅时，要到窟龛前观看各种佛像，然后在幽静处打坐静思，以助入定。因此，石窟既是僧人修炼的场所，又是信徒希望之寄托。如今分布在中国各地的石窟寺遗迹众多，仍然保存数以千计的佛像。始凿于魏晋南北朝的就有山西大同云冈石窟、河南洛阳龙门石窟、甘肃敦煌莫高窟以及天水麦积山石窟等。

云冈石窟是北魏建都平城时期的大型石窟寺文化遗存，从北魏文成帝时始开凿，到北魏正光年间才结束，历经了近七十年之久。兴安元年（452）文成帝颁布《修复佛法诏书》，把太武灭佛中幸免于难的高僧昙曜请回平城，并任命为沙门统，负责管理宗教事务。据载，有一天昙曜的袈裟被皇帝的马咬住不放。因有"马识善人"的说法，文成帝对此大为惊异，便以"国师"之礼厚待昙曜。昙曜得到文成帝的同意和支持，在京城西郊武周山开凿了五个石窟洞，被后世称为"昙曜五窟"。昙曜五窟中央都雕刻了巨大的如来佛像，模拟北魏道武帝拓跋珪、明元帝拓跋嗣、太武帝拓跋焘、景穆帝拓跋晃、文成帝拓跋濬五世皇帝的形象，象征

云冈石窟龛像（北魏，云冈第5窟南壁明窗东侧壁）

北魏皇帝就是佛的化身,谓之"君权神授"。在大佛周围还雕刻了许多大小不等的佛像,簇拥着大佛,寓意群臣对皇帝的拥戴。此后,北魏皇室集中全国技艺和人力、物力进行雕凿,创造出一座佛国圣殿,这是新疆以东最早出现的大型石窟群,它以壮丽的典型皇家风范而异于其他早期石窟。它所展现的佛教文化艺术涉及历史、建筑、音乐等多方面内容,可以说它不仅是中国石雕艺术的精品,也是中外文化融合的典范。

莫高窟位于敦煌东南二十五公里鸣沙山下。敦煌与酒泉、张掖、武威并称河西四镇,扼守"丝绸之路"咽喉,是佛教兴盛要地。莫高窟始建于十六国时期,据唐《李克让重修莫高窟佛龛碑》记载,前秦建元二年(366),僧人乐僔路经此山,忽见金光闪耀,如现万佛,于是便在岩壁上开凿了第一个洞窟。此后法良禅师等又继续在此建洞修禅,称为"漠高窟",意为"沙漠的高处"。后世因"漠"与"莫"通用,便改称为"莫高窟"。佛家有言,修建佛洞功德无量,"莫"者,不可能、没有也,莫高窟的意思,就是说没有比修建佛窟更高的修善行为了。北凉、北魏、西魏和北周时,信奉佛教的统治者和贵族以及平民百姓争相捐资修建石窟,以表虔诚,所以石窟开凿速度很快。现存的七百多个洞窟中,这个时期开凿的有四十余个。这时的塑像造型逐渐由伟岸变为身长颈细、面貌清瘦的"秀骨清像",既有外来文化影响,又有中国的传统特色。

龙门石窟位于洛阳市南郊六公里处的伊阙峡谷东西两崖的峭壁上。这里的香山和龙门山两山对峙,伊河水从中穿流而过,远

释迦禅定像（北魏，莫高窟第259窟）　　交脚菩萨像（北魏，莫高窟第275窟）

人字披顶飞天图（北魏，莫高窟第248窟前部）

萨埵太子本生图（北周，莫高窟第428窟）。图中故事说，萨埵心存慈悲，从崖顶跳下以己身饲虎。此"舍身饲虎"故事是北朝佛教艺术最为感人的题材。

五百强盗成佛因缘图（北魏，莫高窟第285窟）。图中故事说，五百强盗被剜去眼睛后放逐山野之中，痛哭之声感动了佛祖。佛祖现身为其说法，使其复明，度其为僧，终成佛道。

释迦佛坐像
（北魏，洛阳龙门石窟宾阳中洞）

立佛三尊像
（北魏，洛阳龙门石窟宾阳中洞）

望犹如一座天然的门阙，是一处风水宝地。北魏孝文帝迁都洛阳后，始凿龙门石窟，历经东魏、西魏、北齐、隋、唐等朝代连续大规模营造达四百余年之久，南北长达一公里，今存有窟龛两千三百四十五个，造像十一万余尊，其中三分之一在北魏时完成。最为重要的当属北魏皇室经营的宾阳三洞（中洞、南洞、北洞），是北魏宣武帝为他父亲孝文帝做功德而建。北魏孝文帝迁都洛阳后实行了一系列汉化政策，所以洞中主佛服饰一改云冈石窟佛像那种偏袒右肩式袈裟，而身着宽袍大袖袈裟，雕刻面貌和装饰吸收了南方崇尚的"秀骨清像"式。龙门石窟延续时间长，跨越朝代多，以大量的实物形象和文字资料从不同侧面反映了中国古代政治、经济、宗教、文化等许多领域的发展变化，为中国石窟艺术的创新与发展做出了重大贡献。

麦积山石窟始建于后秦（384—417），大兴于北魏明元帝、太武帝时期，孝文帝太和元年（477）后又有所发展。西魏文帝元宝炬皇后乙弗氏死后，在这里开凿麦积崖为龛而葬。北周的保定、天和年间（561—572），秦州大都督李允信曾在麦积山为亡父建造七佛阁。后经隋、唐等各代不断开凿扩建，麦积山石窟成为中国著名的石窟群之一，现存窟龛二百二十一个。

青州龙兴寺始建于北魏时期，是山东地区的中心寺院，此后香火繁盛长达八百多年。这里有着得天独厚的地理优势，因而成为北方沿海地区的佛教重地。在龙兴寺窖藏的北朝佛像，以其千姿百态、褒衣博带、秀骨清像的风格，鲜明地展现了这一时期佛教艺术的发展脉络。

麦积山第123窟左壁像（西魏）。西魏文帝皇后乙弗氏流徙此地出家为尼，造成了麦积山寺前所未有的盛况。此窟以维摩诘经变作为造像的题材。

麦积山第80窟左胁侍菩萨（北魏早期）

此时的寺院也因各朝政权的扶持而遍布全国，据相关资料统计，梁朝有寺两千八百四十六所，都城建康就有寺七百多所。到陈朝末年，还有佛寺一千二百三十二所。北方则远远超过南方，仅占据华北的石赵即有寺院八百九十三所。北魏太和元年（477）都城平城有寺院一百余所，全境多达六千四百七十八所。北魏末年，都城洛阳有寺院一千三百六十七所，全境有三万余所。占据华北的北齐，都城邺城有寺院四千所，全境多达三万所。占有关陇的北周，全境也有寺院一万多所。[①]由此可见魏晋南北朝时期寺院之兴盛。这同王朝统治者的支持分不开，就说北魏时期，北魏诸帝，除太武帝曾一度毁佛之外，大部分都信奉佛教。他们认为佛教有益于朝政，一些高僧对朝政也产生了重大的影响。如宋文帝认为，民众信佛则"吾坐致太平，夫复何事"，北魏文成帝将佛教视为"助王政之禁律"。有的皇帝也请僧人参政，如南朝宋时慧琳被称为"黑衣宰相"。

---

① 王仲荦：《魏晋南北朝史》，上海人民出版社2003年版，第809—810页。

第十二章 文学艺术的兴盛

文学创作的兴盛

魏晋南北朝是继战国"百家争鸣"以后，中国历史上又一个思想解放的时代。各种学说并兴，带来了社会思想和学术文化的相对自由及多元化。玄学的兴起、佛教的兴盛、道教的风行，使汉代定于一尊的儒学相对衰微，尽管这些思潮不可避免地带有明显的局限性，但是在历史进程中，无疑是重要的进步，有力地促进了魏晋南北朝时期文学创作的发展。

魏晋南北朝时期的文学领域内首先引起人们注意的就是五言诗的成熟。曹操尚致力于写作四言诗，其子曹植开创了五言诗的时代。与曹氏父子同时存在的还有所谓的"建安七子"，他们是孔融、王粲、陈琳、阮瑀、徐幹、应玚、刘桢。他们的作品继承汉代乐府民歌的风格，具有风清骨峻的特色以及现实主义精神。西晋太康诗人以陆机和左思成就最为显著，不过他们反映社会现实的作品不多。东晋前期由于深受玄学思想的影响，作品多以老庄的无为思想为主题，远离社会，超然于现实之外。

到了东晋，文学最高成就的代表就是陶渊明。他是东晋初年名将陶侃的曾孙，不过他的家族从他父亲那代起就已经没落了。

陶渊明像

陆机像

陶渊明的作品以田园诗为主，风格朴素、亲切，给人以清新的感觉。鲁迅先生在《魏晋风度及文章与药及酒之关系》一文中说，汉末魏初的文章的特点是"清峻、通脱、华丽、壮大"，而陶渊明"是个非常和平的田园诗人。他的态度是不容易学的，他非常之穷，而心里很平静"。当然纯粹的田园诗人是没有的，陶渊明也是关心政治的，只不过不愿意与当政者合流而已。陶渊明的散文也有很高的成就，著名的代表作就是《桃花源记》，他在这篇文章中描写了一个世外桃源的理想社会，这正反映了人们对理想社会的向往。谢灵运以写山水诗见长，他把田园情趣扩大到对大自然山水的热爱。沈约是永明体诗人的代表人物，他讲究声律对偶，追求艺术形式完美，为格律诗的形成奠定了基础。骈体文在晋代也取得了很高的成就。比如陆逊的孙子陆机的代表作《文赋》、潘岳的《秋兴赋》等,当时人们将陆、潘并称。但是成就最大的是左思,他的代表作是《三都赋》。进入东晋以后,赋的方面代表人物则有孙绰。

文学评论的兴起,是这个时期文学发展的显著特点。曹丕的《典论·论文》是中国文学批评史上第一篇专题论文,虽然全文仅六百余字,但内容涉及文学批评的态度、文体风格特征的区别、作家的才性与作品风格的关系以及文章的社会地位和作用等方面的重要的理论问题,所提出的问题对后世的文学批评产生的影响无疑是深远的。《典论·论文》成为建安时期文学自觉的一个重要标志,也促使中国文学理论批评自觉初现端倪。《文心雕龙》是中国南朝文学理论家刘勰创作的一部文学理论著作,是中国文学理论批评史上第一部有严密体系的、"体大而虑周"(章学诚《文史通义·诗话》)的文学理论专著。书中以孔子的美学思想为基础,兼采道家,全面总结了齐梁时代以前的美学成果,细致地探索和论述了语言文学的审美本质及其创造、鉴赏的美学规律,明确提出文学应反映现实、文质并重的主张。《文心雕龙》是中国古代一部伟大的文学理论著作,是完整意义上的中国文学批评、文章学、修辞学的开山之作。南朝梁钟嵘的《诗品》是我国古代第一部诗论专著。《昭明文选》(又称《文选》),是中国现存最早的一部诗文总集,由南朝梁武帝的长子萧统组织文人共同编选。萧统死后谥"昭明",所以他主编的这部文选称作《昭明文选》,其中论及文章的体裁和流派,取舍的缘由和标准,因此具有文学评论的价值。

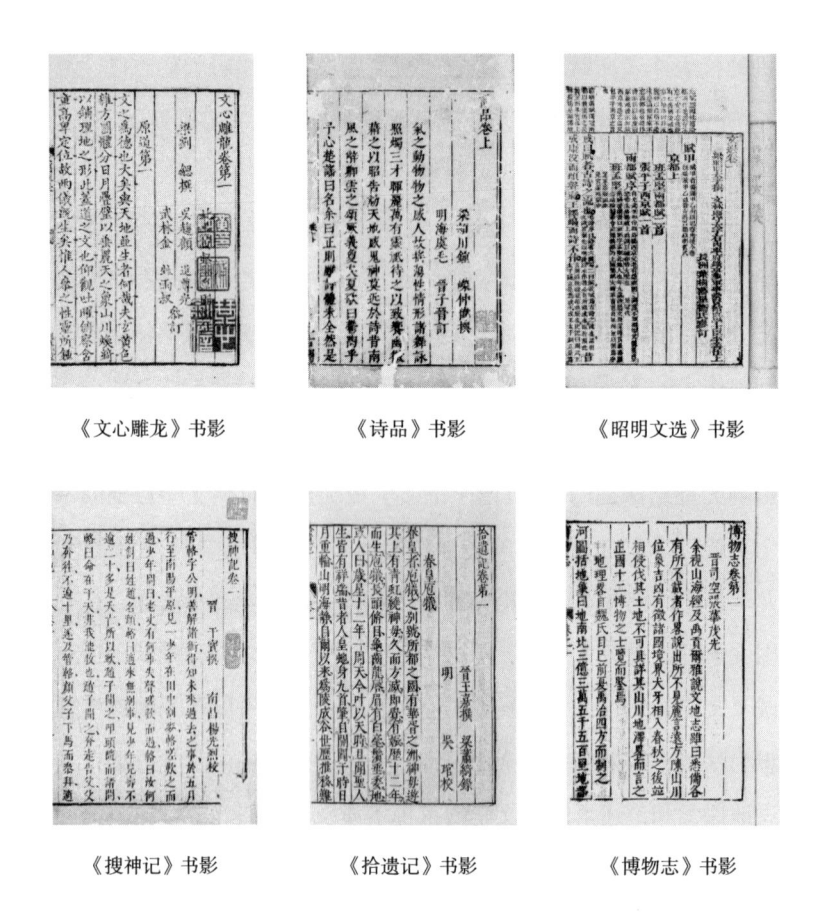

《文心雕龙》书影　　　《诗品》书影　　　《昭明文选》书影

《搜神记》书影　　　《拾遗记》书影　　　《博物志》书影

这个时期文学创作还表现在文言小说的兴起。文言小说主要分为在志怪小说和笔记小说两类，多取材于远古神话传说和历史人物的传闻逸事，不过，其中都深深打上了道教和佛教思想的烙印。晋干宝的《搜神记》、王嘉的《拾遗记》、张华的《博物志》、郭璞的《玄中记》、陶潜的《搜神后记》，南朝宋东阳无疑的《齐谐记》、刘义庆的《幽明录》、刘敬叔的《异苑》，南朝齐祖冲之

竹林七贤与荣启期画像砖拓片（南京博物院藏）

的《述异记》，梁吴均的《续齐谐记》，北齐颜之推的《还冤记》等都是志怪小说。这类小说有的歌颂坚贞的爱情，有的赞美扶贫救难的豪侠，有的褒扬济世为民的英雄等，大多体现了劝善除恶的人文精神。

　　这个时期文学发展繁荣的另一个特点是文学集团的空前活跃。先后出现了以曹氏父子为中心的"邺下集团"，以阮籍、嵇康为代表的"竹林七贤"，包括陆机、左思在内的"二十四友"，包括沈约、谢朓在内的"竟陵八友"等。这些文学集团的出现促进了文学的兴盛，促成了一些新的文学现象的产生，大大促进了文学风格的多样化。仅诗歌题材方面，就出现了咏怀诗、咏史诗、游仙诗、玄言诗、宫体诗，以及陶渊明创造的田园诗、谢灵

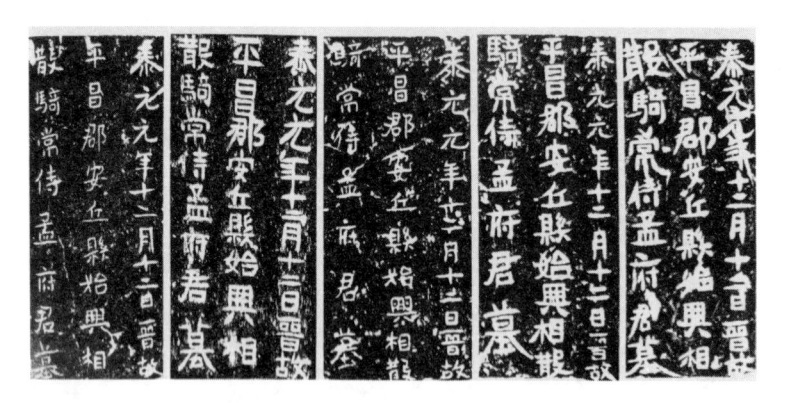

孟府君墓志（东晋，安徽马鞍山孟府君墓出土）。五块墓砖的文字相同，可书写笔画不一，可见当年的民间书法在文学艺术兴盛的背景下也出现了百花齐放的景象。

运开创的山水诗等；辞藻方面竭力追求华美、藻饰、骈偶、声律、用典成为普遍使用的手段。

魏晋南北朝时期的文学除文人诗外，还有乐府民歌、辞赋、小说、文论等。辞赋、骈文与散文是三种主要的形式。散文较之两汉，有着明显的变化，一变板滞凝重的面目而为清峻、通脱；辞赋创作也呈现出新的格局，抒情小赋的出现，是这一变化的重要标志；受讲究对偶、声律和藻饰风气的影响，骈文出现并走向成熟。

乐舞纷呈

魏晋南北朝时期由于西域和东北边境各国以及各地区、各民族的乐舞纷纷进入中原，出现了各族乐舞文化大交融的景象。《清商乐》是盛行于东晋南朝的音乐,《西凉乐》是盛行于十六国北朝的音乐,《龟兹乐》是盛于北魏后期之音乐,《疏勒乐》也是北魏时传入中原之音乐,《安国乐》为北魏传入中原之音乐,《康国乐》为突厥传入中原之乐,《天竺乐》和《扶南乐》是在前凉张重华时期传入河西走廊的音乐,等等。这些音乐相互交流,相互融合,使这一时期的乐舞更具活力。

音乐的创新离不开乐器。传统"雅乐"乐器主要是金石(指钟磬一类的乐器),清商乐则使用丝竹,而西域乐器如箜篌、琵琶、胡笳、筚篥传入中原,与中原的琴、筝、箫、鼓等乐器相配交织一起,谱成了美妙动听的乐曲。音乐和舞蹈总是紧密相连的。当时有《杯盘舞》《巾舞》《拂舞》等,舞蹈融以杂技,边舞边唱,还伴有杂伎(百戏)、绳伎、缘竿等各种动作。在百戏的幻术方面,魏、晋、宋有"画地成川",梁有"吞剑伎",北朝有吞刀、吐火等。在这些表演中,"角抵"是最受欢迎的项目,这也许同当时的尚武精神分不开。这个时期的乐舞大荟萃和大交

奏乐图(西晋,甘肃嘉峪关魏晋壁画墓群6号墓中室西壁)

鼓吹陶俑	抚琴女俑	女歌唱俑
（西晋，湖南长沙出土）	（北魏，陕西西安出土）	（北魏，陕西西安出土）

融，为后来隋唐乐舞的发展奠定了基石。

魏晋南北朝时各民族乐舞众彩纷呈，其特点有四：其一，供欣赏娱乐的表演性舞蹈，大量改编中原传统乐舞和江南等地民间舞蹈；其二，朝廷以及上层社会时兴"以舞相属"的礼节性舞蹈，在宴会中由贵族、文人即兴起舞；其三，在作为欣赏表演的同时，还作为宣传宗教和广招信徒的重要手段；其四，中外各族乐舞文化交流对舞蹈的发展产生了极其深远的影响。

乐舞为何在这一时期会有如此大的发展？王克芬在《中国舞蹈发展史》中指出："艺术的发展，自有其本身的规律。然而，封建时代的统治阶级，特别是最高统治者对某种艺术的爱好与提倡所起的作用却也非同小可。"[1] 所言甚是。曹操喜爱歌

---

[1] 王克芬：《中国舞蹈发展史》，上海人民出版社2004年版，第140页。

黄釉舞伎俑　　　　　　　西域胡人舞俑

舞，就集中了一批优秀的歌舞艺人，住在特筑的铜雀台上，随时为他表演歌舞取乐。史载，曹操每当登高饮酒作乐时，都要赋诗，配上音乐，"皆成乐章"（《三国志·魏书·武帝纪》）。甚至在打败敌人、取得胜利之时，曹操竟会高兴得在马上拍手舞蹈（《乐书》卷一八二）。直到临死前，他还立下了遗嘱，令这些歌舞伎人每月初一、十五都要向他的陵墓表演歌舞（《乐府诗集》卷三一《相和歌辞六·铜雀台》引《邺都故事》）。到了魏明帝曹叡青龙年间，宫中能歌善舞的伎队还有上千人，这是规模不小的皇家歌舞班。

西域乐舞图（北周，莫高窟第428窟）。此图绘于佛龛正中显位，是莲花丛中的西域乐舞，这也反映出北朝时期民众对西域舞的喜爱。

宗教艺术中所描绘的幻想中的天国世界，是对现实生活的折射反映。佛是帝王本身的化身。北魏文成帝曾下令说，雕塑佛像要"如帝身"（《魏书·释老志》）。天国世界中最美好的东西，包括音乐舞蹈，都是奉献给佛的，正如生活中的一切最为美好的东西都是属于皇帝的一样。千姿百态的飞天，正是娱人舞蹈的某种反映。众多伎乐者手执的各式乐器，如琵琶、箜篌、筝、阮、竿篥、横笛、排箫、吹叶、螺、细腰鼓、鸡娄鼓等，都是史籍上所载当时生活中的常用乐器。

伎乐图（北凉，甘肃酒泉丁家闸5号墓前室西壁南侧）。从画面可见音乐、舞蹈、杂技共演一台，气氛热烈，再现了当年凉州乐的演奏情景。

高峰突起的书法

"中国书法多体善变，兼有图理、图认和图形之妙，与绘画艺术密切相关"。[1]到了魏晋南北朝时期，书法显现得更加绚丽多彩，字体由篆书、隶书转变到楷书、草书和行书。当时至少有了书法发展的条件。其一，东汉以后，造纸术水平提高，纸的应用越来越普遍。其二，宗教经文抄写的需求越来越大，这也造就了一批书法家。如今研究这个时期的书法，除了写经真迹，还可

贾充妻郭槐柩铭
（西晋元康六年［296］，河南洛阳出土）

元显儁墓志
（北魏延昌二年［513］，河南洛阳出土）

---

[1] 罗宗真：《魏晋南北朝：分裂动荡的年代》，上海辞书出版社2001年版，第126页。

穆亮墓志
（北魏景明三年［502］，河南洛阳出土）

元引墓志
（北魏正光四年［523］，河南洛阳出土）

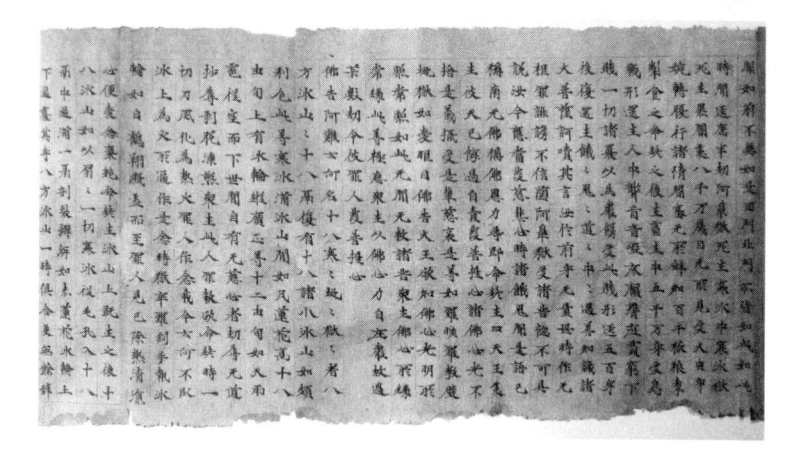

《观佛三昧海经》卷第五（北魏，发现于敦煌藏经洞）

研究出土的墓志。近百年来，北朝的碑志大量出土，魏志已盈三百，周、齐志铭也有七八十。从大量的出土碑文中也足见魏晋南北朝的书法处于高峰突起的时期。

当时著名的书法家有钟繇、索靖、卫瓘、王羲之、王献之、羊欣、王僧虔、萧子云、智永等。钟繇博采众长，自成一家，与王羲之一起被后人并称"钟王"。西晋尚书令卫瓘、尚书郎索靖，俱善草书，被时人号为"一台二妙"。北朝的"魏碑"字体，结体扁方，构架紧密，方笔折角，骨力雄劲。

说到书法艺术，最绕不过的是名垂千古的一代书圣王羲之。王羲之的成功，不仅在于他精湛的书法艺术，还在于他崇高的人格和不倦的奋斗精神。王羲之出生在琅邪郡最显赫的士族王氏家族中，伯父王导位居宰辅，另一伯父王敦执掌兵权，控兵于荆州，形成了"王与马，共天下"的特殊政治格局。可是，王羲之不以此为荣，一再拒绝王导要他到中央任职的建言，最后选择了到地方任会稽内史的职务。在会稽任上，遇上严重的灾荒，他一面开仓赈济灾民，一面号召官员"断酒以救民命"（《全晋文》卷二四）。辞官后，他就倾全力研究书法艺术。他先学李斯的《峄山碑》、张旭的《华岳碑》、钟繇的《宣示帖》，然后博采众长，另辟蹊径，创造出自己的书法艺术。据传，他苦练书法，因洗笔、砚，把一池水都染黑了。他主张"意在笔前，然后作字"，这里说的

王羲之像

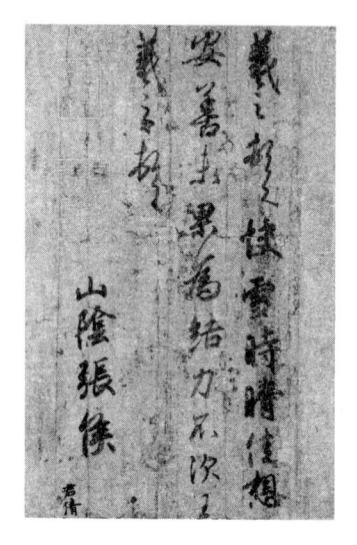

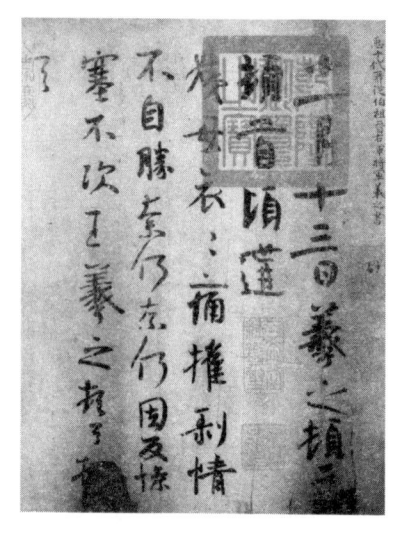

《快雪时晴帖》
（王羲之书，东晋，台北故宫博物院藏）

《姨母帖》
（王羲之书，东晋，辽宁省博物馆藏）

《兰亭序》（王羲之书，唐代冯承素摹，北京故宫博物院藏）

"意",无疑包括了作书者的思想品质和精神气韵。

"书圣"王羲之在中国书法发展史上有非常大的影响力。他使楷书、今草、行草形成新的体势,并在新书体的成熟与完美方面做出了非常重要的贡献。王羲之的《兰亭序》被称为天下第一行书,据传,唐太宗在临死前曾经想让儿子高宗李治把这一著名书法作品拿来陪葬,不过,也有人认为李治并没有这么做,很有可能它成了李治、武则天夫妇的陪葬品。究竟如何,只能期望未来的考古发现了。

举世瞩目的绘画

随着佛教的兴盛,佛教绘画的创作也达到了高潮。

三国时,佛教在江东传播,佛教绘画也在东吴发展起来,当时的著名画家有吴兴(今浙江湖州)人曹不兴。他善画大幅人像,见到天竺传来的佛像,便从事摹写,于是他便成为中国佛像画的始祖。有一次孙权请他"画屏风,误落笔点素,因就成蝇状。权疑其真,以手弹之"(《历代名画记》卷四)。其写实精神于此可见。曹不兴的弟子卫协、张墨,在晋时都有"画圣"之称。

魏晋南北朝时期,绘画的特点是宗教绘画特别发达,因为当时中亚和五天竺的绘画技法,也随着佛教而传入中国来。富有智慧与才能的画师、画匠,以中国传统为基础,汲取并融合外来艺

明窗飞天(北魏,云冈石窟第10窟)

术之长,造就了辉煌的中国佛教绘画艺术。

莫高窟等地的壁画给人以强大的视觉冲击力,色彩浓烈,绚

《帝后礼佛图》(拓本局部,河南巩义石窟寺第1窟南壁东侧)

丽多姿,热情奔放,塑造了很多活灵活现的人物形象和气势宏伟的场景,使佛教绘画艺术达到了空前的高度。

这个时期,不少文人学士也参与绘画,并对绘画实践和理论做总结,如东晋顾恺之的《论画》,提出了他的创作观念。顾恺之是中国绘画史上早期负盛名的卓越画家和绘画理论家。《晋书·文苑传·顾恺之传》称其有三绝:才绝、画绝和痴绝。顾恺之的遗存作品有唐人临摹的《女史箴图》,尽管是传摹,但人物栩栩如生,反映了当时的贵族生活,也反映了顾恺之非常善于画人物,并重在传神的绘画风格;还有《洛神赋图》《列女仁智图》两幅宋人摹本,以及传为顾氏所作的《斫琴图》。这些

《帝后礼佛图》(照片局部,河南巩义石窟寺第1窟南壁西侧)

《洛神赋图》(局部)

绘画给后世以极大的影响。南朝谢赫《古画品录》提出的六法，即气韵生动、骨法用笔、应物象形、随类赋彩、经营位置和传

《斫琴图》(局部)

《女史箴图》(局部)

移模写，更是对东晋南朝绘画的理论总结。其他著名画家如南朝陆探微所画人物肖像极其传神。民间传说张僧繇画龙不敢点睛，点睛则龙会飞去，说明其画技之高超。萧绎所绘的《职贡图》，尽管所见是宋朝摹本，却极具写实风，是当时外交关系的真实写照。

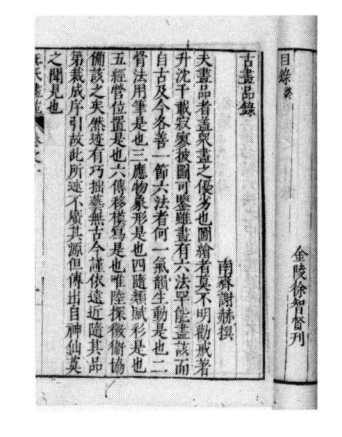

《古画品录》书影

第十三章 经学史学的成果丰硕

经学研究的继续

在魏晋南北朝时期，儒学失去一家独尊的地位，于是有人认为，盛极一时的两汉经学，到了魏晋南北朝时期完全衰竭了。其实经学并没有就此衰竭不振，而是大有发展。对此，王仲荦在其《魏晋南北朝史》中做了精到的论述，他认为可从两方面来分析。第一，用两汉那种儒家思想来继续统治民众、欺骗民众，已经行不通，统治者不得不在儒家思想以外，利用玄学思想和佛教思想统治民众思想。因此，在儒家思想之外，玄学思想、佛教思想以及形形色色的带有宗教色彩的思想，充塞了当时的思想界。第二，尽管玄学思想和佛教思想有了蓬勃发展，但不能认为经学从此一蹶不振了，因为在巩固社会的伦常秩序方面，儒家思想是最适合的，它既没有玄学思想带有的那种消极因素，又不像佛教那样存在分割民户影响国家租调收入和兵源的危险，所以朝廷还是要发展儒家思想。当时设立的国子学里，儒家经典仍然是国子学生修习的主要科目。也就是说，在此时期玄学和佛教非常活跃，但儒家思想的影响仍然很深，占有牢固的统治地位。当时虽然有某些玄学家用玄学思想来改造

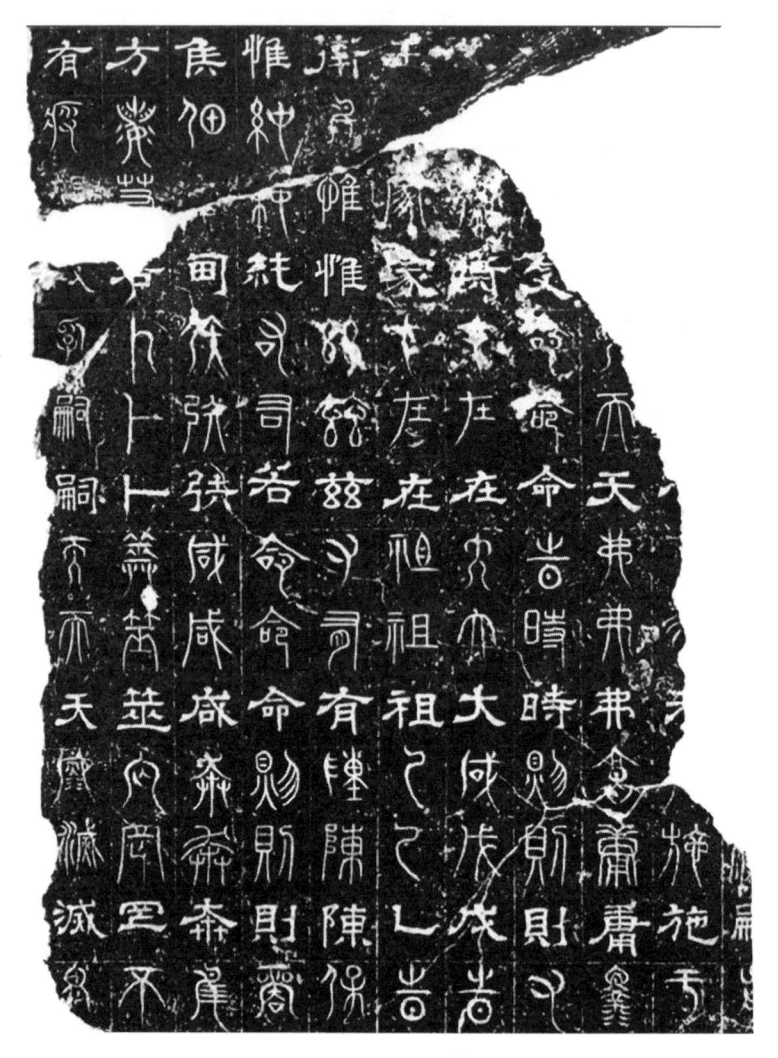

《正始石经》（曹魏正始二年［241］立），又名《三体石经》，用古文、小篆和隶书三种字体书刻，建于洛阳太学门前（今河南洛阳市偃师区）。石经内容有《尚书》《春秋》和部分《左传》经文，共二十七块。后佚，有残石出土。

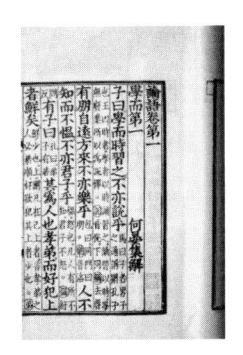

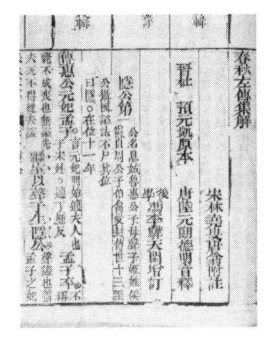

何晏《论语集解》书影　　杜预《左传集解》书影　　范宁《穀梁传集解》书影

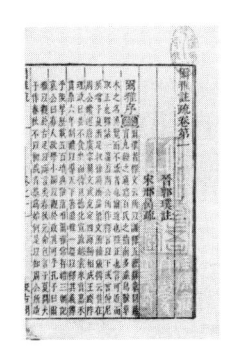

《尔雅注疏》书影　　《大广益会玉篇》书影

儒家思想，但始终没能推翻儒家学说。不过，在儒家经典中用具有玄学思想的注释来阐发性命、天道等学说，这在某种意义上也可以说是对儒家思想的补充。

此时的官学、私学都有很大发展，许多鸿生大儒广招生徒，传授经典，著书立说，尤其在北朝"燕、齐、赵、魏之间，横经著录，不可胜数。大者千余人，小者犹数百"（《北史·儒林传序》)。正由于官学、私学的发展，带来了经学的继续发展。著名的经学家及著作在这个时期大量涌现。此时的经学，有其独特的成就，何晏《论语集解》、杜预《左传集解》、范宁《穀梁传集解》、郭璞《尔雅注》等在经学史上都具有重要地位。还有字书《玉篇》，收采一万六千九百一十七字，大大超过前人之著。这些都是这一时期的重要作品。

正史修撰的丰硕

二十四史是纪传体正史，其中晋代陈寿的《三国志》、南朝宋范晔的《后汉书》、南朝梁沈约的《宋书》、南朝梁萧子显的《南齐书》、北齐魏收的《魏书》五部正史都是在这个时期所作。《后汉书》《三国志》与《史记》《汉书》被后人称为"前四史"。南朝宋人裴松之为《三国志》所作的注，对《三国志》记载进行补缺、备异、纠谬、论证，大大丰富了原书内容，这是史学体裁的一大创新。

对于陈寿的《三国志》，后人有非议。该书以曹魏为正朔，也就是把曹魏看成正统，所以该书

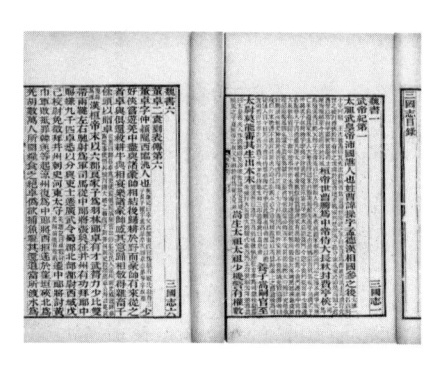

《三国志》书影

第十三章　经学史学的成果丰硕 | 297

称曹操等人为帝，为他们立了本纪，而称刘备为先主，立了传，对孙权则直呼其名，立的也是传。陈寿的《三国志》具有文辞简约的特点，能用那么简短的文字把三国几十年纷繁的历史讲述得条理清楚固然是一种优点，但也存在对某些历史人物的记载史料不足的缺点。后来南朝刘宋的皇帝宋文帝就觉得它过于简略了，于是就让著名的学者裴松之给它作注，注释文字保存了当时大量的文献和史料，价值很高。

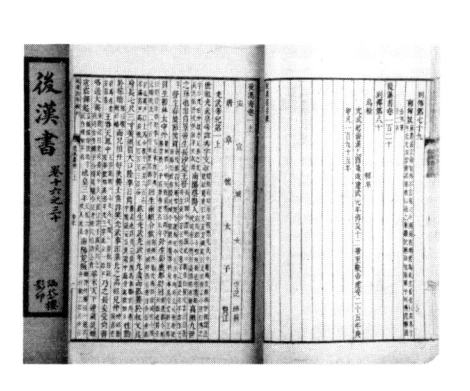

《后汉书》书影

《宋书》书影

范晔的《后汉书》只完成了纪传的部分，原来他还打算继续写下去，但是因为罹谋反罪被杀而没有完成。今天我们在《后汉书》中所看到的志是后人用司马彪的《续汉书》中的志来补的。

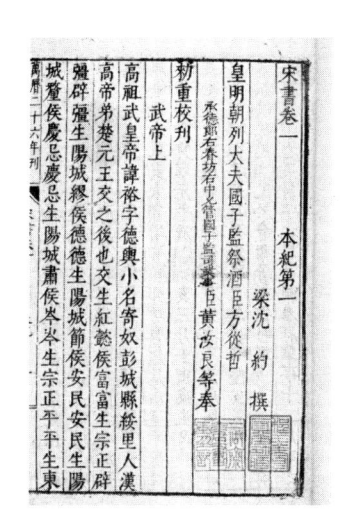

沈约的《宋书》一个重要的特点就是突出了门阀贵族，所以会给人以家谱的感觉。而且沈约本来就是才子，所以很想卖弄他的文采，行文用的是标准的骈体文。结果现

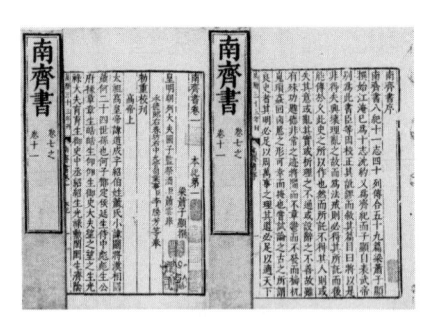

在读来反倒有些拗口。

《南齐书》为梁萧子显所撰，他的所有著作中今天我们能看到的就只有《南齐书》了，这部书并不能称为信史，因为萧子显本人就是南齐宗室，所以他写此书的目的也就是表彰他先人的功业，书中多有不实之处。

《南齐书》书影

魏收的《魏书》是记载北魏一朝历史的史书，魏收本人也是一个出了名的才子，但这本书是出了名的"秽史"。后来有人向皇帝告发魏收作史失实，于是皇帝就让魏收与那些人进行辩论，尔后让魏收进行修改，结果很多人仍然不满意。据载，北齐灭亡以后，魏收的坟墓都被人给刨了。当然该书也有一定优点，比如，它用较多笔墨书写了佛、道二教的兴起过程，对一些重要史事认真做了

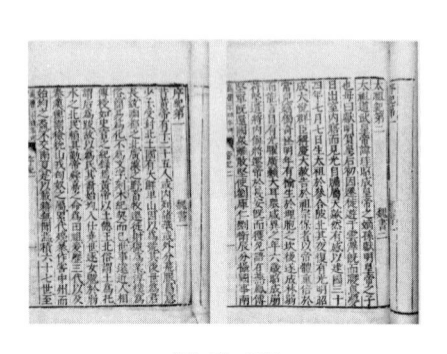

《魏书》书影

记录，为后人留下了关于佛教史和道教史不可多得的史料。

《华阳国志》由东晋时期的常璩撰写。这是记录中国古代西南地区历史的重要代表作，可以视为开方志先河之作。

这个时期还有一部重要的历史著作，那就是东晋袁宏的《后

汉纪》，它不同于荀悦的《汉纪》，因为荀悦是将已经成书的《汉书》改变成编年体，而《后汉纪》则是成书于范晔《后汉书》之前的，它保留了大量《后汉书》中所没有的史料，也是研究东汉一代历史不可或缺的重要史书。

除正史之外，这一时期具有重要史料价值的著作，还有《西京杂记》《世说新语》《水经注》《洛阳伽蓝记》《邺中记》《十六国春秋》《高僧传》《弘明集》《高士传》《帝王世纪》《颜氏家训》等。这些笔记小说、地理著作、历史著作、宗教文集、人物传记、杂记等都具有很高的史料价值。

著名学者周一良先生在《魏晋南北朝史学发展的特点》一文里谈到，魏晋南北朝史学具有以下几个特点。

《华阳国志》书影

《世说新语》书影

第一，史部著作摆脱了作为经部附属品的地位。

《校书图》(局部,北齐)。此图是北齐天保七年(556)文宣帝高洋命樊逊和文士高乾和等共十二人负责刊定国家收藏的《五经》诸史的情景。画面既反映了北齐对古代文献整理的史实,又不乏诙谐、随意,给人一种轻松的艺术享受。

第二,设立专职史官,不再兼管天文历法。

第三,史部著作数目骤增,性质复杂多样,门类异彩纷呈。这一时期史学著作的数量比两汉时期有了很大增加,仅《晋书》就有十九家之多。

第四,编年、纪传两体并重。这两种体裁都有重要的著作产生。纪传体与编年体各有所长,不可偏废。

第五,谱牒之学兴盛。这是因为南北朝时期是士族当权的时代,他们以自己的门阀相标榜,于是就特别关注于自己的家族谱系。

第六,佛教与道教史书在纪传体史籍中正式占一席之地。佛教、道教兴起以后,也开始有人整理它们的历史,比如在魏收《魏书》中就有《释老志》来专门讲述佛道二教的历史。[①]

---

① 周一良:《魏晋南北朝史论集续编》,北京大学出版社1991年版,第67—84页。

第十四章 科学技术的显著发展

数学的领先地位

魏晋南北朝时期,科学技术有了显著进步。这一时期的科学技术继承了前代的成就,在数学、农学、地理学、天文历法、机械制造、冶炼技术以及医学等方面又有诸多创新。

数学是中国古代科技成就最为显著的学科之一,圆周率的推算又是我国古代数学发展最为显著的成就。很早以前,人们就认

刘徽《九章算术注》书影　　　　《隋书·律历志》有关圆周率的记载

识了"周三径一"的原理。随着生产的发展，科学的进步，人们知道原先的计算结果并不精确。魏晋时期数学家刘徽撰成《九章算术注》九卷，提出了计算圆周率的正确方法——割圆术。《九章算术》说"周三径一"，即圆周率的近似值为3。刘徽认为这太不精确，指出"周三径一"不是圆周率，而是圆内接正六边形的周长与直径的比值。刘徽发现圆内接多边形的边数无限增加时，多边形周长就无限逼近圆的周长，他创立割圆术，求出圆周率为3.14。后来，他又计算出圆内接正三千零七十二边形的面积，得到了更精确的圆周率，即圆周率为3.14159。刘徽运用了初步的极限概念，并提出了割圆术，当时在世界上是最先进的。

南北朝时期杰出的数学家、科学家祖冲之（429—500），从小接受家传的科学知识。他重新造出了早已失传的指南车、千里船等巧妙机械。他推算出圆周率的过剩近似值为3.1415927，不足近似值为3.1415926。直到15世纪前期，中亚数学家阿尔·卡西才打破纪录，求出了小数点后十六位的圆周率精确数值；16世纪，法国数学家维叶特也突破了这个由祖冲之创造的纪录。他们都比祖冲之晚了一千年左右。祖冲之这一贡献为世界所公认，月球上的一座环形山，即以祖冲之的名字命名，表达了人们的敬仰之情。

农业技术的革新

魏晋南北朝时期统治者重视牛耕和垦荒，"以足给养"，他

犁地图砖画(魏晋,甘肃嘉峪关新城5号墓出土)

们大力发展农业生产,农业生产工具和生产技术有了很大的改进和革新,如整地的工具有犁、耙、耱等。耙地时,人立于耙上,使入土较深,来回往返拖拉,将土壤耙细、耙均匀。耱地是在犁地和播种前后使用,不装铁齿以压平土壤。生产工具以及技术的革新和普遍使用,大大提高了农作物的产量和质量。从嘉峪关出土的魏晋墓砖画中,可以看到耕作技术的进步,例如犁耕由两牛挽犁发展为一牛挽、使用耙地和耱地的新技术等。

耙地图砖画(魏晋,甘肃嘉峪关新城5号墓出土)

耱地图砖画（魏晋，甘肃嘉峪关新城 5 号墓出土）

北魏时期农学家贾思勰（生卒年不详）治学严谨，"采捃经传，爰及歌谣，询之老成，验之行事"（《齐民要术·序》），最终写成《齐民要术》这部农学著作。在此著作中，他系统、全面地总结了6世纪以前黄河中下游地区农牧业生产、食品的加工与贮藏、野生植物的利用等经验，包括种植菜蔬果木、养殖畜禽鱼类和各类食品加工的技术知识，尤其是总结了魏晋南北朝时期北方的生产经验，是中国现存最早的一部完整的农书，被誉为"中国古代农业百科全书"。《齐民要术》这部著作反映了中国古代农学

贾思勰《齐民要术》书影

牛与神兽图（局部，北齐武平元年［570］，山西太原市王郭村出土）。图中之公牛健壮，前后有神兽围护，突显对牛的尊奉，表现了对农耕的敬重。

成就，该书特别重视天时、地利和人力三种要素，提出了以农为本、多种经营的思想。这对后世的农业生产起了极大的指导作用。据《汉书·艺文志》记录，西汉以前共有九种农书。《氾胜之书》是西汉农书，但已散佚，就靠一些农政书籍尤其是《齐民要术》的引文，人们才能知其残句。

扬场图砖画（魏晋，甘肃嘉峪关新城5号墓出土）

地理学以及其他科技发展

地理学在此时期也深得重视和发展。西汉时，人们已能绘制精确的地图。东汉时，桑钦著《水经》。魏晋南北朝时期，西晋裴秀、北魏郦道元都是对后世有很大影响的地理学家。裴秀绘制了《禹贡地域图》，"以《禹贡》山川地名，从来久远，多有变易"（《晋书·裴秀传》），唯有对历史地理做了认真研究，才能有此作。《禹贡地域图》十八幅是见于文字记载的中国最早的历史地图集。裴秀在《禹贡地域图·序》中说："制图之体有六焉：一曰分率，所以辨广轮之度也；二曰准望，所以正彼此之体也；三曰道里，所以定所由之数也；四曰高下，五曰方邪，六曰迂直，此三者，各因地而制宜，所以校夷险之异也。"人们称此六项制图原理为"制图六体"，它是当时商业和交通发展的结果。裴秀

裴秀《禹贡地域图序》书影　　　　　郦道元《水经注》书影

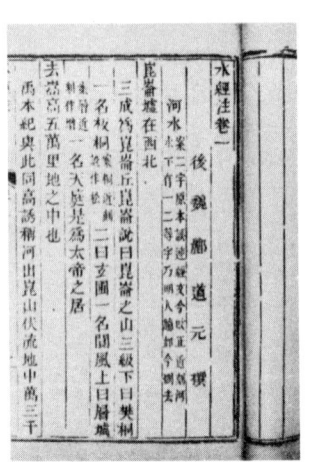

作《禹贡地域图》，开创了中国古代的地图绘制学，李约瑟称他为"中国科学制图学之父"。裴秀与古希腊著名地图学家托勒密齐名，是世界古代地图学史上东西辉映的两颗灿烂明星。

北魏郦道元的《水经注》是中国古代一部全面系统的综合性地理学专著，《水经》记载了一百三十七条河流，《水经注》补入一千多条，文字也扩充了几十倍，内容涉及面更广，其内容远远超出了河道、水文，包括了河道流经地域的历史变迁、经济状况、自然景观等诸多方面，而且文笔生动流畅。

当时的天文、历法研究也有新的进展。东晋的虞喜在前人研究成果基础上，首次提出"岁差"的概念，并探得其数值。魏晋南北朝时期在历法上面的成就也是相当突出的，从曹魏《景初历》到南朝刘宋《元嘉历》，再到祖冲之《大明历》、北周《丙寅元历》，中国的历法不断改进，一次比一次精确，其水准也一次次达到新的高度。

葛洪和陶弘景在化学方面取得成就的同时，在医学方面也做出了重要贡献。他们分别撰有《肘后备急方》《神农本草经集注》。这是给后人留下的一份十分宝贵的医学遗产。

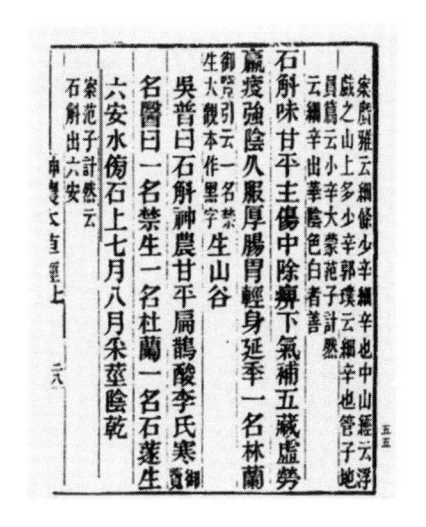

《神农本草经集注》书影

结束语

从历史的发展角度看，魏晋南北朝时期正处于中国古代的两个最伟大的历史王朝——汉、唐——的中间，起着承前启后的历史作用。这两个伟大的历史王朝后来成为中华文明的两支标杆，因此，直到当代，世界仍然普遍地以汉人和唐人称呼中国人。

处于这两个标杆性的王朝之间的魏晋南北朝时期的人们，要承受和清除前朝末世所留存下来的种种污浊，诸如汉末皇室的腐败、豪强地主田庄制的形成、世家大族的专横，这种种污浊使社会矛盾空前尖锐，阻碍了生产力的发展。外戚和宦官这对专制政体下的"怪胎"，引发的一场壮烈的悲剧——"党锢之祸"，最后导致了黄巾大起义，以及整个社会的大动荡。

可以这样说，魏晋南北朝时期的一大半时间都是在医治和抚平汉末的种种社会疮痍。从汉末的群雄割据，到三国鼎立，到西晋王朝的站稳脚跟，前后差不多花费了一个世纪的时间。

只有抚平了前朝遗留的创伤，才说得上是为中华新的兴盛培育沃土肥壤。魏晋南北朝时期的诸多作为，包括各民族之间的进一步融合，生产事业的发展，科技和文化领域的成就，都为日后的盛唐时代准备了相当的物质上和精神上的条件……

这段历史为我们提供了这样的基本史识：中华民族就是历经艰辛而不断发展的。当时的政局是那样混乱，战争造成的破坏是那样严重，可是我们的先人终于冲破重重迷雾，迎来了新的大一统的阳光，为后世做了那么多值得永远追念的事情。面对这些，作为后人，心中的宽慰和震撼是难以名状的。这一时期究竟给后世打造了怎样的基础？隋唐在此基础上创造了怎样的文明景象？且看丛书下一册《灿烂辉煌的开放世界：隋唐五代》。

主要参考书目

高敏:《魏晋南北朝经济史》,上海人民出版社1996年版。

韩国磐:《魏晋南北朝史纲》,人民出版社1983年版。

何启民:《中古门第论集》,台湾学生书局1982年版。

简修炜、庄辉明、章义和:《六朝史稿》,华东师范大学出版社1994年版。

梁满仓:《中国魏晋南北朝习俗史》,人民出版社1994年版。

刘淑芬:《六朝的城市与社会》,台湾学生书局1992年版。

罗宏曾:《魏晋南北朝文化史》,四川人民出版社1989年版。

吕思勉:《两晋南北朝史》,上海古籍出版社1983年版。

钱锺书:《管锥编》,中华书局1979年版。

史仲文、胡晓林主编:《新编中国魏晋南北朝史》,人民出版社1995年版。

唐长孺:《唐长孺社会文化史论丛》,武汉大学出版社2001年版。

唐长孺:《魏晋南北朝史论丛》,生活·读书·新知三联书店1955年版。

唐长孺:《魏晋南北朝史论丛续编》,生活·读书·新知三联书店1959年版。

田余庆：《东晋门阀政治》，北京大学出版社1989年版。

田余庆：《秦汉魏晋史探微》，中华书局1993年版。

万绳楠整理：《陈寅恪魏晋南北朝史讲演录》，黄山书社1987年版。

王仲荦：《魏晋南北朝史》，上海人民出版社2003年版。

杨鸿年：《汉魏制度丛考》，武汉大学出版社1985年版。

张承宗、田泽滨、何荣昌等主编：《六朝史》，江苏古籍出版社1991年版。

张大可：《三国史研究》，甘肃人民出版社1988年版。

郑欣：《魏晋南北朝史探索》，山东大学出版社1989年版。

周一良：《魏晋南北朝史论集》，北京大学出版社1997年版。

周一良：《魏晋南北朝史札记》，中华书局1985年版。

朱大渭、刘驰、梁满仓、陈勇：《魏晋南北朝社会生活史》，中国社会科学出版社1998年版。

朱大渭：《六朝史论》，中华书局1998年版。

附录一：魏晋南北朝大事记

东汉灵帝中平元年（184）二月，爆发黄巾起义。

中平五年（188）三月，初选尚书、列卿为州牧，以太常刘焉为益州牧，宗正刘虞为幽州牧。州任之重，自此而始。

中平六年（189）四月，灵帝卒，少帝刘辩立，帝舅大将军何进辅政。八月，宦官杀何进，袁绍诛杀宦官。董卓率兵入洛阳。九月，董卓废少帝，立献帝。

东汉献帝初平元年（190）正月，关东州郡起兵讨伐董卓，推袁绍为盟主。二月，董卓挟持献帝迁都长安。是年，辽东太守公孙度自立为辽东侯、平州牧。

初平二年（191）七月，袁绍自领冀州牧。

初平三年（192）四月，董卓被诛，曹操任兖州牧。六月，董卓部将李傕、郭汜等破长安，关中大乱。十二月，曹操败黄巾于济北，受降卒三十余万，收其精锐，号青州兵，曹操兵力始强。

兴平元年（194），笮融在彭城，大起浮屠祠，课人诵读佛经，招致旁郡好佛者至五千余户。

兴平二年（195），孙策率军渡江，先后打败刘繇、严白虎等，数年间逐渐占据江东。

建安元年（196）七月，献帝被劫返至洛阳。八月，曹操迎献帝都许。是年，曹操用枣祗、韩浩等议，始兴屯田。

建安二年（197），春，袁术自称天子。三月，袁绍自为大将军。

建安三年（198）十二月底，曹操擒吕布于徐州，斩之。

建安四年（199）三月，袁绍败公孙瓒，瓒自杀，袁绍遂据有冀、青、幽、并四州，实力大增。六月，袁术众叛亲离，呕血而死。九月，曹操与袁绍相持于官渡。十一月，张绣降于曹操。

建安五年（200）四月，孙策卒，其弟孙权袭其余业。十月，曹操大败袁绍于官渡。

建安七年（202）五月，袁绍卒，袁绍三子袁谭、袁熙、袁尚争立。

建安九年（204）八月，曹操大破袁尚，平冀州，袁尚至幽州投奔袁熙。

建安十年（205）正月，曹操灭袁谭。是月，袁熙部将叛降曹操，袁熙、袁尚自幽州奔三郡乌桓。曹操遂定河北，颁田租、户调令。

建安十一年（206），曹操灭高幹，遂据有并州。

建安十二年（207）八月，曹操大破乌桓于柳城。十一月，辽东太守公孙康杀袁尚、袁熙。

建安十三年（208）正月，罢三公官，置丞相、御史大夫。六月，以曹操为丞相。八月，荆州牧刘表卒，曹操进兵攻取荆州。十二月，赤壁之战，曹操大败，刘备遂有荆州江南诸郡。

建安十六年（211），益州牧刘璋邀刘备入蜀。

建安十九年（214），刘备迫降刘璋，自领益州牧。遂据有蜀地。

建安二十四年（219）十二月，关羽败死，蜀失荆州。

建安二十五年/延康元年/魏文帝黄初元年（220）正月，曹操卒，曹丕继位为丞相、魏王。二月，实施九品中正制。三月，改元延康。十月，曹丕改延康为黄初，称皇帝，是为魏文帝，至此东汉亡，三国开始。

黄初二年（221），刘备于成都称帝，国号汉，史称蜀汉。孙权称吴王。

黄初四年（223）四月，刘备卒，其子刘禅继位，诸葛亮以丞相辅政。

黄初七年（226）正月，曹丕卒，其子曹叡继位，是为魏明帝。是年，吴交州刺史吕岱遣中郎康泰、宣化从事朱应出使扶南。

魏明帝太和三年（229）四月，孙权称帝。

太和五年（231），诸葛亮复出祁山，以木牛运粮。

太和六年（232）十一月，曹植卒。

青龙二年（234）春，诸葛亮由斜谷北伐，以流马运粮。八月，诸葛亮卒于五丈原。

魏齐王曹芳正始十年（249），司马懿发动"高平陵事变"，曹爽集团被诛灭，自此，曹魏军政大权落入司马氏手中。

嘉平四年（252）四月，孙权卒，其少子亮继位，诸葛恪为太博辅政。

魏元帝景元元年（260）五月，司马昭杀魏帝曹髦，立曹奂。是年，朱士行受戒为僧，被视作汉地有僧人之始。

景元三年（262），嵇康为司马氏所杀。

景元四年（263）十一月，蜀亡。是年冬，名士阮籍病亡。

咸熙二年（265）八月，司马昭卒，子司马炎嗣为相国、晋王。十二月，司马炎代魏称帝，为西晋武帝，改是年为泰始元年。

西晋武帝太康元年（280）三月，灭吴。是年颁布占田令。

西晋惠帝永熙元年（290）三月，西晋武帝卒，其子司马衷继位，是为西晋惠帝，由外戚杨骏辅政。

元康八年（298），略阳、天水六郡饥民十余万口流徙入梁、益。

光熙元年（306）六月，李雄称帝于成都，国号大成。八月，东海王司马越擅政。十一月，晋惠帝卒，其弟司马炽即帝位，是为怀帝。

西晋怀帝永嘉二年（308）十月，刘渊称汉皇帝，建都平阳。

永嘉五年（311）三月，东海王司马越病死。四月，石勒大破司马越部众，死者十余万，西晋主力丧失。六月，刘曜陷洛阳，俘晋怀帝。

西晋愍帝建兴四年（316）十一月，刘曜攻陷长安，俘西晋愍帝，西晋亡。

东晋元帝建武元年（317）三月，司马睿称晋王于建康，东晋建国。六月，豫州刺史祖逖进据谯城，经营北伐。

太兴元年（318）三月，司马睿改称皇帝，是为东晋元帝。七月，刘聪病死，汉乱。十月，刘曜称帝。

太兴二年（319）六月，刘曜改国号为赵，史称前赵。十一月，石勒称赵王，史称后赵。

太兴四年（321）九月，豫州刺史祖逖病逝。

咸和四年（329）九月，石勒灭前赵。

咸和五年（330）九月，石勒称皇帝。

咸和八年（333），石勒死，其子石弘在石虎的扶持下继位。次年，石虎废石弘，自称天王，杀尽石勒妻妾、子孙。

东晋穆帝永和五年（349），石虎病死，北方大乱。

永和六年（350）闰正月，冉闵登皇帝位，国号魏。十一月，氐人苻健入长安，定关中。

永和七年（351）正月，苻健自称天王，国号秦，史称前秦。

东晋孝武帝太元元年（376）八月，前秦攻凉州，灭前凉。九月，东晋除度田收租之制，王公以下，口税米三斛。十二月，前秦灭代，统一北方。

太元二年（377），东晋建成北府兵。

太元八年（383），淝水之战，前秦大败，北方再次陷入战乱。

东晋安帝隆安三年（399）十月，孙恩起义。是年，名僧法显赴天竺。

元兴二年（403）十二月，桓玄称帝，国号楚。

元兴三年（404）二月，刘裕、刘毅率北府兵讨伐桓玄。五月，桓玄死。

义熙八年（412）七月，法显自天竺返国，是岁，颁《元始历》，改置闰周。

宋武帝永初元年（420）六月，刘裕即皇帝位，国号宋，东晋亡。南北朝开始。

宋文帝元嘉六年（429），裴松之《三国志注》撰成。

元嘉十五年（438），宋于台城北郊鸡笼山开馆，立儒、玄、史、文四学。

北魏文成帝兴安元年（452），大同云冈石窟开凿。

南齐高帝建元元年（479）四月，萧道成即皇帝位，国号齐，宋亡。

北魏孝文帝太和九年（485）十月，北魏孝文帝颁均田令。次年北魏实施三长制。

南齐武帝永明六年（488），沈约撰成《宋书》，时声律学说兴起。

北魏孝文帝太和十八年（494），北魏迁都洛阳。

北魏宣武帝景明元年（500），洛阳龙门石窟开凿。

梁武帝天监元年（502）四月，萧衍称帝，国号梁，南齐亡。

北魏孝明帝正光三年（522）正月，惠生、宋云受命去北天竺取经回到洛阳。

北魏孝武帝永熙三年（534）七月，北魏孝武帝西奔长安。十月，高欢立元善见为帝，是为东魏孝静帝，旋迁都于邺。自此魏分东西。闰十二月。宇文泰杀北魏孝武帝。

西魏文帝大统元年（535）正月，宇文泰立元宝炬为帝，即西魏文帝。

北齐文宣帝天保元年（550）五月，高欢子高洋称帝，国号齐，即北齐文宣帝，至此东魏亡。

梁敬帝绍泰元年（555）二月，梁王僧辩、陈霸先等拥立萧方智于建康，称梁王。八月，北齐令道士皆剃发为沙门。九月，陈霸先袭杀王僧辩，立萧方智为帝，即梁敬帝，陈霸先擅政。

西魏恭帝三年（556）十月，西魏太师宇文泰病逝，其兄子宇文护总揽军国大政。

陈武帝永定元年（557）正月，宇文护迫使西魏恭帝禅位，立宇文觉为天王，国号周，即北周孝闵帝。西魏亡。九月，北周宇文护杀天王宇文觉，立宇文毓为天王，即北周明帝。十月，陈霸先称皇帝，国号陈，梁亡。

北周明帝武成二年（560），宇文护杀明帝宇文毓，立宇文邕，即北周武帝。

北周武帝建德元年（572），周武帝宇文邕杀权臣宇文护，开始亲政。

建德三年（574），北周武帝开始禁毁佛道二教。

建德六年（577），北周灭北齐，北方统一。

建德七年（578），六月，北周武帝卒，子宇文赟嗣位，即北周宣帝。

北周宣帝大象二年（580），五月，宣帝病死，外戚杨坚擅政。是年，北周复行佛道二教。

北周静帝大定元年（581）二月，杨坚迫使北周静帝禅位，杨坚即皇帝位，国号隋，即隋文帝，北周亡。

陈后主祯明三年（589），隋灭陈，南北统一。

附录二：魏晋南北朝帝王世系表

三国：三国始于220年魏代汉，终于265年晋代魏。但史家往往以190年董卓挟持汉献帝离开洛阳为三国上限，以280年晋灭吴为三国下限。

魏国，历五帝，建都洛阳。

谥号或别称	姓名	在位时间
魏文帝	曹丕	220—226
魏明帝	曹叡	226—239
魏齐王	曹芳	239—254
高贵乡公	曹髦	254—260
魏元帝	曹奂	260—265

注：建安十八年（213），汉献帝封曹操为魏公，建魏国。建安二十一年（216），曹操进爵为魏王。曹丕代汉称帝后追尊曹操为魏武帝。

蜀国，历二帝，建都成都。

谥号或别称	姓名	在位时间
昭烈帝	刘备	221—223
蜀后主	刘禅	223—263

吴国，历四帝，先都武昌（今湖北鄂州），后迁建业。

谥号或别称	姓名	在位时间
吴大帝	孙权	222—252
会稽王	孙亮	252—258
吴景帝	孙休	258—264
吴末帝	孙皓	264—280

西晋，历四帝，先都洛阳，后迁长安。

谥号或别称	姓名	在位时间
晋武帝	司马炎	265—290
晋惠帝	司马衷	290—306
晋怀帝	司马炽	306—313
晋愍帝	司马邺	313—316

东晋，历十一帝，建都建康。

谥号或别称	姓名	在位时间
晋元帝	司马睿	317—322
晋明帝	司马绍	322—325
晋成帝	司马衍	325—342
晋康帝	司马岳	342—344
晋穆帝	司马聃	344—361
晋哀帝	司马丕	361—365
晋废帝	司马奕	365—371
晋简文帝	司马昱	371—372
晋孝武帝	司马曜	372—396
晋安帝	司马德宗	396—418
晋恭帝	司马德文	418—420

十六国可分前后两期。前期政权有：成汉、汉（前赵）、后

赵、前燕、前秦、前凉，还有鲜卑拓跋氏的代和冉闵的魏不计在十六国内。后期政权有：后秦、后燕、南燕、北燕、后凉、南凉、西凉、北凉、西秦、夏，此外还有西燕不计在十六国内。

成汉，氐族，历五帝（李特、李流未称帝），建都成都。

序次	姓名	在位时间	序次	姓名	在位时间
1	（李特）	（303）	5	李期	334—338
2	（李流）	（303）	6	李寿	338—343
3	李雄	304—334	7	李势	343—347
4	李班	334			

汉（前赵），匈奴族，历四帝，先都左国城（今山西吕梁市离石区北），后迁平阳（今山西临汾），再迁长安。

序次	姓名	在位时间	序次	姓名	在位时间
1	刘渊	304—310	3	刘粲	318
2	刘聪	310—318	4	刘曜	318—329

后赵，羯族，历七帝，先都襄国（今河北邢台市襄都区），后迁邺城（今河北临漳西）。

序次	姓名	在位时间	序次	姓名	在位时间
1	石勒	319—333	5	石遵	349
2	石弘	333—334	6	石鉴	349—350
3	石虎	334—349	7	石祗	350—351
4	石世	349			

前燕，鲜卑族，历三帝，先都龙城（今辽宁朝阳），后迁邺城。

序次	姓名	在位时间	序次	姓名	在位时间
1	慕容皝	337—348	3	慕容暐	360—370
2	慕容儁	348—359			

前秦，氐族，历六帝，建都长安。

序次	姓名	在位时间	序次	姓名	在位时间
1	苻健	351—355	4	苻丕	385—386
2	苻生	355—357	5	苻登	386—394
3	苻坚	357—385	6	苻崇	394

前凉，汉族，历七帝，建都姑臧（今甘肃武威）。

序次	姓名	在位时间	序次	姓名	在位时间
1	张寔	317—320	5	张祚	353—355
2	张茂	320—324	6	张玄靓	355—363
3	张骏	324—346	7	张天锡	363—376
4	张重华	346—353			

后秦，羌族，历三帝，建都长安。

序次	姓名	在位时间	序次	姓名	在位时间
1	姚苌	384—393	3	姚泓	416—417
2	姚兴	393—416			

后燕，鲜卑族，历四帝，建都中山（今河北定州）。

序次	姓名	在位时间	序次	姓名	在位时间
1	慕容垂	384—396	3	慕容盛	398—401
2	慕容宝	396—398	4	慕容熙	401—407

南燕，鲜卑族，历二帝，先都滑台（今河南滑县），后迁广固（今山东青州）。

序次	姓名	在位时间	序次	姓名	在位时间
1	慕容德	398—405	2	慕容超	405—410

北燕，历三帝，汉族（第一任君主高云出自高句丽族，乃冯跋所立的傀儡，真正掌权者是汉人冯跋，所以一般将北燕视为汉人政权），建都龙城（今辽宁朝阳）。

序次	姓名	在位时间	序次	姓名	在位时间
1	高云	407—409	3	冯弘	430—436
2	冯跋	409—430			

后凉，氐族，历四帝，建都姑臧。

序次	姓名	在位时间	序次	姓名	在位时间
1	吕光	386—399	3	吕纂	399—401
2	吕绍	399	4	吕隆	401—403

南凉，鲜卑族，历三帝，先都乐都（今青海海东市乐都区），后迁西平（今青海西宁），最后又迁回乐都。

序次	姓名	在位时间	序次	姓名	在位时间
1	秃发乌孤	397—399	3	秃发傉檀	402—414
2	秃发利鹿孤	399—402			

西凉，汉族，历三帝，先都敦煌，后迁酒泉。

序次	姓名	在位时间	序次	姓名	在位时间
1	李暠	400—417	3	李恂	420—421
2	李歆	417—420			

北凉，匈奴族（第一任君主段业是汉族），历三帝，先都张掖（今甘肃张掖），后迁姑臧。

序次	姓名	在位时间	序次	姓名	在位时间
1	段业	397—401	3	沮渠牧犍	433—439
2	沮渠蒙逊	401—433			

西秦，鲜卑族，历四帝，先后建都苑川（今甘肃榆中）、金城（今甘肃兰州市西固区）、枹罕（今甘肃临夏）。

序次	姓名	在位时间	序次	姓名	在位时间
1	乞伏国仁	385—388	3	乞伏炽磐	412—428
2	乞伏乾归	388—412	4	乞伏暮末	428—431

夏，匈奴族，历三帝，先都统万城（今陕西靖边县白城子村），后迁长安。

序次	姓名	在位时间	序次	姓名	在位时间
1	赫连勃勃	407—425	3	赫连定	428—431
2	赫连昌	425—428			

十六国兴亡表（附冉魏、西燕）

国名	实际创建人	民族	公元年代	灭于何国
成汉	李雄	氐	303—347	东晋
汉、前赵	刘渊	匈奴	304—329	后赵
前凉	张寔	汉	317—376	前秦
后赵	石勒	羯	319—351	冉魏
冉魏	冉闵	汉	350—352	前燕
前燕	慕容皝	鲜卑	337—370	前秦
前秦	苻健	氐	351—394	后秦
后秦	姚苌	羌	384—417	东晋
后燕	慕容垂	鲜卑	384—407	北燕
西燕	慕容泓	鲜卑	384—394	后燕
西秦	乞伏国仁	鲜卑	385—431	夏
后凉	吕光	氐	386—403	后秦
南凉	秃发乌孤	鲜卑	397—414	西秦
南燕	慕容德	鲜卑	398—410	东晋
西凉	李暠	汉	400—421	北凉
夏	赫连勃勃	匈奴	407—431	吐谷浑
北燕	冯跋	汉	407—436	北魏
北凉	沮渠蒙逊	匈奴	397—439	北魏

南朝包括宋、齐、梁、陈四个朝代。

宋（又称"南朝宋""刘宋"），历八帝，都建康。

序次	姓名	在位时间	序次	姓名	在位时间
1	刘裕	420—422	5	刘子业	464—465
2	刘义符	422—424	6	刘彧	465—472
3	刘义隆	424—453	7	刘昱	472—477
4	刘骏	453—464	8	刘準	477—479

齐（又称"南齐""萧齐"），历七帝，都建康。

序次	姓名	在位时间	序次	姓名	在位时间
1	萧道成	479—482	5	萧鸾	494—498
2	萧赜	482—493	6	萧宝卷	498—501
3	萧昭业	493—494	7	萧宝融	501—502
4	萧昭文	494			

梁（又称"南梁""萧梁"），历七帝，都建康。

序次	姓名	在位时间	序次	姓名	在位时间
1	萧衍	502—549	5	萧绎	552—555
2	萧纲	549—551	6	萧渊明	555
3	萧栋	551—552	7	萧方智	555—557
4	萧纪	552			

陈（又称"南朝陈""南陈"），历七帝，都建康。

序次	姓名	在位时间	序次	姓名	在位时间
1	陈霸先	557—559	4	陈顼	569—582
2	陈蒨	559—566	5	陈叔宝	582—589
3	陈伯宗	566—568			

北朝包括北魏、东魏、西魏、北齐、北周五个朝代。

北魏（又称"后魏""拓跋魏""元魏"），历十四帝，先建都盛乐（今内蒙古和林格尔），又迁都平城（今山西大同），最后定都洛阳。

序次	姓名	在位时间	序次	姓名	在位时间
1	拓跋珪	386—409	8	元恪	499—515
2	拓跋嗣	409—423	9	元诩	515—528
3	拓跋焘	423—452	10	元子攸	528—530
4	拓跋余	452	11	元晔	530—531
5	拓跋濬	452—465	12	元恭	531
6	拓跋弘	465—471	13	元朗	531
7	元宏	471—499	14	元脩	532—534

东魏，历一帝，建都邺城。

序次	姓名	在位时间	序次	姓名	在位时间
1	元善见	534—550			

西魏，历三帝，建都长安。

序次	姓名	在位时间	序次	姓名	在位时间
1	元宝炬	535—551	3	拓跋廓	554—556
2	元钦	551—553			

北齐(又称"高齐"),历六帝,建都邺城。

序次	姓名	在位时间	序次	姓名	在位时间
1	高洋	550—559	4	高湛	561—565
2	高殷	559—560	5	高纬	565—576
3	高演	560—561	6	高恒	577

北周(又称"宇文周""后周"),历五帝,建都长安。

序次	姓名	在位时间	序次	姓名	在位时间
1	宇文觉	557	4	宇文赟	578—579
2	宇文毓	557—560	5	宇文阐	579—581
3	宇文邕	560—578			

重版后记

《细讲中国历史丛书》（12册）于2015年由上海人民出版社出版，并于当年12月入选国家新闻出版广电总局首届"向全国推荐中华优秀传统文化普及图书"名单，2016年2月获第十四届上海图书奖一等奖。2017年6月由香港中华书局出版繁体字版本，在港台地区发行。2019年7月以来，"丛书"12册音频先后在喜马拉雅"文柏讲堂"上线，迄今已有近一亿人次的收听。这对于孜孜以求中华历史普及工作的我们，当是极大的嘉勉。遵照读者的反馈意见，"丛书"的作者对每一册书都做了精心修改。承蒙天地出版社垂爱，将丛书名改为《简明中国通史》，予以重新排印出版。在疫情防控期间，作者、编者研精毕智、一丝不苟的精神令人感佩，专此后记，谨以致谢，并告慰2019年病故的我们敬爱的主编之一李学勤先生。

郭志坤
2023年3月于上海

天喜文化